'함흥 9호 교화소'
- 돌아오지 않는 기억 -

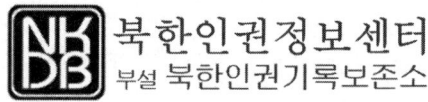

서 문

이 보고서는 '인민보안부 교화국 산하 제9호 교화소'(일명 '함흥교화소')에서 발생한 인권침해 실태와 관련된 내용을 담고 있다.

함흥교화소 구금 경험자들의 구술 내용을 살펴보면 구금자들은 교화소의 폐쇄된 건물 안에서 폭행을 비롯하여 적절한 음식 및 시설을 제공받지 못하는 등 기본적인 자유가 박탈당한 상태에서 다양한 인권침해 피해를 겪고 있음을 알 수 있다. 함흥교화소 구금자들은 보통 오전 5~6시 사이에 기상해서 오후 5~6시 사이에 일을 마치는 것으로 보이나 작업량을 맞추기 위해 밤 11시 넘는 늦은 시간까지 일을 하는 경우도 있는 것으로 나타났다. 하지만 과도한 작업량에 비해 제공되는 급식량은 생존하기 힘들 정도였으므로 대부분의 구금자들은 부족한 급식량으로 인해 질병에 걸리는 등 또 다른 고통에 시달렸던 것으로 나타나고 있다. 여러 이유로 인해 체력이 부족해진 상태임에도 불구하고 이들에 대한 치료 및 지원이 교화소 내에서 이루어 지지 않았다는 점은 사실로 나타나고 있다.

함흥교화소 수감 경험자들의 구술 내용을 살펴보면 유사성도 나타나지만 교화소 규정이 잘 지켜지지 않음에 따라 각기 다른 다양한 인권침해 피해가 발생하였음을 알 수 있다. 따라서 이 보고서는 함흥교화소에서 발생한 각기 다른 피해 내용을 제시하기 위해 함흥교화소 구금자들의 다양한 구술 내용을 열거한 후 소결을 내는 방법으로 작성되었다.

함흥교화소 구금자들의 수감 실태를 세부적으로 정리하기 위해 먼저 교화소의 연혁 및 위치에 대해 서술하였다. 다음으로 시설규모 및 환경과 관련하여 구금 시설 및 인원 규모, 시설 환경 및 운영 규칙, 독방 시설 운영과 의료 환경 등에 대해 다루고 운영 체계 및 실태와 관련해서는 입·출소 절차, 의식주 및 생활실태 등을 서술하였으며, 구금자 관리 및 감시체계와 관련해서는 교화소 관리 담당 부서 및 인원 및 감시체계 및 시설에 대해 서술하였다. 마지막으로 구금자 인권실태와 관련해서는 함흥교화소 내에서 발생하고 있는 공개 및 비공개 처형, 강제 낙태 및 영아살해, 고문 및 폭행, 성폭행, 사망, 강제 노동 및 작업장 환경에 대해 서술하였다.

 이 보고서는 북한인권기록보존소에서 운영하고 있는 「NKDB 통합인권DB」에 기록되어 있는 함흥교화소 관련 자료 및 함흥교화소 수감 경험자와의 추가 심층 인터뷰를 바탕으로 작성되었다. 보고서 작성의 목적 및 의의는 함흥교화소 구금자들의 열악한 인권 실태를 국내외에 알리고 북한당국에 대해 이들의 인권 개선을 촉구하는 데에 있다.

2015년 12월

안 현 민

[제 목 차 례]

Ⅰ. 연혁 및 위치 ·· 1

  1. 연혁 ··· 1
  2. 위치 ··· 6

Ⅱ. 시설 규모 및 환경 ·· 10

  1. 구금 시설 ·· 10
    가. 시설 및 구금 인원 규모 ····················· 10
    나. 시설 환경 및 운영 규칙 ····················· 19
      1) 시설 환경 ·· 19
      2) 시설 운영규정 및 생활수칙 ············· 22
    다. 독방 설치·운영 ····································· 26

  2. 의료 환경 ·· 29
    가. 자주 발생하는 질병 ····························· 29
    나. 의료 시설 및 전문 의료진 ················· 32

Ⅲ. 운영체계 및 실태 ·· 44

  1. 입·출소 절차 ·· 44
    가. 입소 절차: 신체검사 및 몸수색 ········ 44
    나. 출소 절차 ·· 47

2. 의·식·주 및 생활 실태 ································· 52
   가. 의·식·주 실태 ··································· 52
      1) 의류 ··· 52
      2) 음식물(급식) ································· 54
      3) 침구류 및 위생용품 ·························· 63
   나. 생활 실태 ······································· 65
      1) 작업 일정 및 내용 ···························· 65
      2) 점호 및 불침번 ······························ 73
      3) 생활총화 ···································· 76
      4) 면회 ··· 79
      5) 휴일 ··· 85

Ⅳ. 구금자 관리 및 감시 체계 ······················ 90

1. 관리 담당 부서 및 인원 ···························· 90
2. 감시체계 및 시설 ································· 93

Ⅴ. 구금자 인권실태 ································· 96

1. 공개 및 비공개 처형 ······························ 96
2. 강제 낙태 및 영아 살해 ··························· 98
3. 고문 및 폭행 ····································· 98
4. 성폭행 ·· 102
5. 사망 ·· 104
6. 강제 노동 및 작업장 환경 ························ 116

참고자료: 함흥 9호 교화소 구술자 리스트 ··············· 124

[그림차례]

[그림 1] 함홍교화소 위치 ··· 8
[그림 2] 위성 사진으로 본 함홍교화소 본소 ······················ 9
[그림 3] 위성 사진으로 본 함홍교화소 동중리본소 ········· 9

I. 연혁 및 위치

1. 연혁

'인민보안부 교화국 산하 제9호 교화소'(이하 '함흥교화소')는 일반적으로 북한에서 함흥 9교로 불리고 있다. 함흥 9교는 함경남도 함흥시 회상구역에 위치한 한 개의 본소(이하 '함흥교화소 본소' 혹은 '본소'라고 지칭하기로 한다.)와 2개의 분소인 '성원리분소'와 '동중리분소'로 나눠져 운영되고 있다. 각 시설 별 연혁과 관련된 구술자의 구술 내용을 연도별로 살펴보면 다음과 같다.

구술자6(1999.7~2002.9)은 1999년 함흥교화소 본소에 구금되었으며 함흥교화소 본소는 일제시대 때부터 감옥이 있었던 곳이었으나 이후 재봉기 공장으로 사용되다 1998년 다시 교화소가 되었다고 구술하였다. 이러한 이유로는 고난의 행군 당시 사람들이 재봉기 공장 근무 기피로 인해 재봉기 생산을 위한 노동력 확보를 위해서라고 하였다.

1998년 12월부터 2002년 4월까지 구금되어 있던 구술자1(1998.12~2002.4)은 위의 구술 내용과 유사하게 기존의 재봉기공장이 교화소로 전환되었다고 구술하였다. 또한, 1998년 12월 함흥교화소는 개소하였으나 본격적으로 건물이 들어서기 시작한 것은 1999년 4월부터라고 구술하였다.

> 함흥 9교는 1998년에 생겼다고 들었습니다. 평북 철산에 있던 데서 떨어져 나왔는데, 함흥 9교 있던 데가 원래 일제시대 때부터 감옥이 있던 데입니다. 그것이 일반 재봉기공장으로 있다가, 고난의 행군 때부터 사람들이 재봉기생산하는 데로 가지 않으니까, 교화생들을 집어넣어서 재봉기를 생산하게 한 겁니다. 쌍마재봉기를 생산하기 위해 9교를 다시 감옥으로 만들었단 말이예요.[1]

---

1) 구술자6(1999.7~2002.9)

함흥교화소는 본소 외에 2개의 분소를 운영하는 것으로 보인다. 우선 성원리분소의 연혁에 대한 구술을 연도별로 살펴보면 다음과 같다. 구술자5(1999.11~2000.7)는 덕산동 성원리분소로 이송되었을 당시 성원리분소에는 터만 있고 기본 시설조차 있지 않은 상태여서 건물을 짓는 작업을 시작하였다고 하였다.

> 1999년 11월까지 재판받고, 12월에 교화소에 입소했어요. 상소기간이 있는데 보름 있는데 상소가 없다고 하면 교화소로 입소시켜요. 처음에는 함흥 영광군 동중리에 교화소가 있었어요. 거기가 원래 단련대였는데 내가 갔을 때 교화소로 바뀌었어요. 함흥시 회상구역에 남자 교화소가 있어요. 거기서 한 달 동안 신입반 공부를 하고 다시 배치를 받는데 그때 영광군 동중리에 배치 받았어요. 동중리에 있다가 석 달 만에 방침이 떨어졌는데 덕산동 성원리로 교화소를 옮기라고 했어요. 그때는 동중리 사람들이 다 성원리로 옮겼어요. 아무 것도 없는 터만 받아서 우리가 집을 짓고 농사를 짓고 그래서 하루에 숱한 사람들이 죽어나갔어요. 굶어서 죽었어요.[2]

구술자11(2002.10~2005.7)은 성원리분소는 2000년에 생겼으며 새로 지은 시설임에도 불구하고 상태가 깨끗하지 않았다고 구술하였다. 구술자11과 비슷한 시기에 구금되어 있었던 구술자16(2005.2~2005.9)은 성원리분소는 2003년 새로 개소되었다고 구술하여 성원리분소 개소시점에 대해 구술자 별로 차이가 있음을 알 수 있다.

마지막으로 동중리분소에 대한 연혁 구술 내용을 연도별로 살펴보면, 2007년 이후 함경남도 영광군 55호 교화소가 함흥교화소 동중리분소로 변경되었던 것으로 보인다.

구술자11(2002.10~2005.7)은 2002년 10월 함흥교화소 본소에서 신입반 생활을 15일 동안 한 후 성원리분소로 가게 되었다고 하였다. 하지만 2005년 7월 성원리분소에 당시 교화생인원이 500명이 넘게 되면서 구술자11을 포함한 150명이 성원리분소에서 차출되어

---

[2] 구술자5(1999.11~2000.7)

'영광군 55호 교양소'3)로 이동되었다고 하였다. 2005년 이송 당시 구금되었던 장소는 55호 교양소였으나 후에 교화소로 명칭이 변경되었다고 하였다.

> 9 교화소, 본소로 가게 되었다. …. 10월 15일 쯤 도착해서 본소에 올라가서 들어가니까 신입자 생활을 15일 동안 하였다. 법규정을, 교화소 법 규정 외웠다. 성원리가 30리 떨어져 있었는데, 3과로 올라가서 교화반 3반에 배치되었다. …. 한과 에 500명이 차서 거기서 150명을 색출해서 함흥시 영광군 55호 교양소로 이동되었는데 지금 명칭은 교화소로 바뀌었다.4)

구술자17(2005.11~2007.2)은 2005년 11월 입소당시, 여자들만 있는 오로교화소에 구금되었으며, 영광군 오로 55호 단련대 안에 교화소가 있었다고 구술하였다. 이후, 함흥교화소에서 여자들이 많이 오기 시작하였고, 2006년 4~5월부터 방을 수리하기 시작하였다고 한다. 또한, 돼지 및 오리를 키우던 '축산반'이 있었던 곳에 방을 만들어 교화소 구류장으로 만들었다고 구술하였다.

> 2005년 8월쯤에 새로 생겼어요 여자들만 있어요. 오로가 여자만 있는 교화소에요. 교화소는 새 건물이 아니라 예전 작업반이었던 것을 교화소로 쓰는 거에요. 영광군 55호 단련대는 남자들만 있는 곳이에요. …. 영광55호 교화소가 새로 생긴거에요. 그래서 함흥 9 교화소에서 여자가 많이 왔어요. 내가 있을 때 오로 단련대 안으로 교화소가 들어갔어요. 2006년 4월 또는 5월에 방을 막 수리해서 겨울 나고 2007년에 내가 출소되어 나왔어요. … 돼지, 오리 키우던 축산반을 없애고 그 칸을 내서 여자 교화소 구류장으로 만들었습니다. … 남자 여자 합쳤지만, 남자는 여전히 단련대, 여자는 교화소 생활을 하였어요.5)

---

3) 영광군 55호 교양소는 1990년대 교양소에서 영광군 55호 단련대로 바뀌었으며, 당시 인민보안성(현재 인민보안부)에서 관리하는 성단련대로 알려졌었다. 2007년 김정일의 '단련대를 각 시·군에 설치하라'는 지시에 의해 해제된 것으로 보인다.
4) 구술자11(2002.10~2005.7)

2007년 2월부터 구금되어 있었던 구술자20(2007.2~2009.12)은 2005년 여름 혹은 가을 55호 단련대 해산되어 증산으로 가면서 교화소가 신설되었다고 구술하였다.

> 거기가 55호 단련대였어요. 거기가 해산되어서 증산으로 가면서 교화소가 생겼어요. 그때 제가 새로 들어갔어요. … 그때 동중리는 1년 반 되었다고 했어요. … 동중리는 거기서 먼저 들어온 여자들이 말하는게 동중리 교화소가 1년 반되었다고 했어요. 원래는 55호 단련대였어요. 그 교화소가 55호 단련대였는데 해산되어 가면서 교화소가 생겼어요. 55호 단련대는 증산으로 갔어요. … 2005년 여름이나 가을에 갔었다고 들었어요.6)

구술자25(2008.3~2010.9)는 2006년까지 오로교양소였던 곳이 2007년부터 함흥교화소 여자반으로 전환되었다고 구술하였다.

> 신입반에 한 달 있다가 동중리 6과 농산 1반에 있었습니다. 당시 함흥 9교화소는 2006년도까지 오로교양소로 되어 있다가 2007년부터 함흥 교화소 여자 반으로 바꿨습니다. 동중리는 6과이고 6반까지 있었습니다.7)

함흥교화소 본소의 경우 일제시대 때부터 교화소가 운영되어왔으나 이후 재봉기 생산공장으로 사용되다가 1990년대 '고난의 행군' 시기 노동력 부족으로 인해 노동력 확보를 위해 다시 함흥교화소 본소로 사용되었던 것으로 구술 내용을 통해 알 수 있다.

분소의 경우, 1990년대 악화된 경제 및 식량사정으로 인해 중국으로 탈북하였다가 북송되어오는 사람들이 증가하면서 추가 시설이 필요함에 따라 분소가 개설되어 운영되기 시작하였다.

---

5) 구술자17(2005.11~2007.2)
6) 구술자20(2007.2~2009.12)
7) 구술자25(2008.3~2010.9)

우선, 성원리분소는 개소시기와 관련된 구술 내용을 살펴보면 구술자별로 구술 내용에 차이를 보이고 있다. 하지만, 이는 각기 다른 시점에 성원리분소에 구금되어 같이 구금되어 있었던 교화생에게 정보를 접하게 되었기 때문으로 파악된다. 하지만, 개소시점부터 구금되어 있었던 구술자 및 이후 구금되어 있었던 구술자들의 구술 내용을 종합해서 살펴보면 성원리분소는 개소 시점은 1999년~2000년대 초임을 확인 할 수 있다. 또한, 구술 내용을 통해 성원리분소가 먼저 설치되었다가 이후 동중리분소가 이후 추가적으로 설치되었음을 알 수 있다.

마지막으로 동중리분소에 대한 개소시점에 대해 살펴보면 개소 시점에 대한 구술자들의 구술 내용은 구금시기별로 차이를 보이고 있음을 알 수 있다. 이 뿐만 아니라, '55호 단련대', '55호 교화소', 오로교화소 등 동중리분소의 명칭 역시 다양하게 사용되었음을 알 수 있는데 이는 동중리분소의 변화과정과 관련이 있다. 우선, 동중리분소의 개소 시점 및 명칭이 다양하게 나오는 이유를 살펴보면, 첫째, 분소 개소 시점은 정확히 북한 당국에서 교화생에게 알려주는 것이 아니었기 때문에 해당 정보는 다른 교화생들을 통해 전달받았기 때문이다. 둘째, 동중리분소와 관련해서 다양한 개소시점과 명칭이 나타나는 주요 이유는 2000년대 들어오면서 동중리분소가 있던 시설의 운영주체가 수차례 바뀌었기 때문이다. 동중리분소의 연혁관련 구술 내용을 통해 2005년 여름 혹은 가을 기존 55호 단련대 내에 여자교화소가 신설되었고 이후, 성원리분소의 인원이 중국에서 북송되어서 온 여자교화생들의 증가로 수용가능인원을 초과하였기 때문에 일부 성원리분소 교화생들을 55호 내 교화소로 보낸 것으로 파악된다. 이후, 점차 함흥교화소에서 배속되어 오는 교화생들이 증가하였다. 그리고, 2007년부터 각 시군에서 단련대에서 단련형을 받게하면서 성단련대가 폐쇄되면서 55호 단련대 단련대생들이 증산으로 옮겨 가면서 해당 시설이 함흥교화소 산하로 변경된 것으로 파악된다. 이러한 변화과정을 통해, 2007년 함흥교화소 동중리분소로 명칭이 바뀐 것으로 추정된다.
 2000년대 추가 개설된 함흥교화소 성원리분소와 동중리분소의 특징을 살펴보면 분소에는 여자 교화생들만 구금되어 있었다는 구술 내용으로 보아 1990년대 이후 탈북하였다가 강제송환된 여성이 증가함에 따라 이들을 수용할 구금시설이 필요하였기 때문에 추가 개설 및 시설변경이 이루어 진 것으로 파악된다.

2. 위치

 함흥교화소 위치에 대한 구술 내용을 구금 연도별로 정리하면 다음과 같다. 1990년 구금되어 있던 구술자4(1999.11~2005.9)의 구술 내용에 따르면, 함흥교화소 본소는 함경남도 함흥시 회상구역 회상 1동에 위치하였다고 하였다.
 이후, 1990년대 말 부터 분소에 대한 구술 내용이 나타나기 시작하는데 1999년 12월부터 2003년까지 성원리분소에 구금되어 있던 구술자5(1999.11~2000.7)는 2000년 7월 함경남도 함흥시 덕산동 성원리에 있는 교화소로 갔다고 구술하였다. 2002년에 구금되었던 구술자10(2002.5~2002.12)은 성원리분소는 함경남도 함흥시 회상구역 성원리에 위치하여 통신군관학교와 함흥비행장 옆에 있었다고 구술하였다. 구술자16(2005.2~2005.9)은 본소의 경우 함경남도 함흥시 회상구역에 위치해 있었으나 자신이 구금되어 있었던 성원리분소는 본소에서 40리 정도 떨어져 있었다고 하였다.
 동중리분소 위치에 대한 구술 내용을 살펴보면 구술자20(2007.2~2009.12)은 함경남도 영광군 동중리에 분소가 위치해 있었고 2008년 새로운 시설이 생겨 이전하였으나 이 역시 동중리에 생겼다고 하였다.

동중리에 있었어요. …. 그 다음에 2008년도에 맞은 켠에 새 교화소를 만들었어요. 새로 지었어요. 바로 맞은 켠 산 밑에 다시 지었어요.[8]

구술자21(2007.5~2009.2)은 본소는 함경남도 함흥 시내에 있었고 분소는 함경남도 영광군 동중리가 아닌 함경남도 영광군 오로에 있었다고 하였다. 또한, 본소와 분소사이 거리는 꽤 있었다고 구술하였다. 구술자23(2008~2011.2)은 함경남도 영광군 오로에 있던 분소는 함경남도 함흥시 함흥역에서 자동차로 30분 걸리는 거리에 있었다고 하였다.

함흥교화소 본소 및 2개의 분소의 위치관련 구술 내용 중 구체적으로 주소에 대해 구술된 내용을 정리하면 본소는 함경남도 함흥시 회상구역 회상 1동에 있는 것으로 확인되었다.

성원리분소 위치에 대한 구술 내용을 살펴보면 성원리분소는 함경남도 함흥시에 위치하고 있으나 지역 하부단위에서 덕산동 성원리, 회상구역 성원리 등으로 다양하게 나타나 구술자별로 성원리분소 위치에 대한 구술 내용에서 차이를 보이고 있음을 알 수 있다. 이러한 원인으로는 구술자들은 본소에서 성원리분소로 배속되어 이송하는 경우 본인들이 구금될 분소에 대한 구체적인 위치에 대한 정보를 교화소 관리자들에게 듣지 못하고 여러 다른 교화생들에게 전달받았기 때문으로 보인다.

마지막으로 동중리분소의 경우도 구술 내용을 통해 함경남도 영광군 오로와 함경남도 영광군 동중리로 지역 명칭이 다양하게 나타나고 있다. 이러한 이유로 첫째는, 북한의 지역 명칭 변경에 따른 상황과 관련이 있음을 알 수 있다. '오로군'이 '영광군'으로 지명이 변경되었으나 두 명칭 모두 해당 지역에서 당시 사용되었기 때문에 동중리분소가 위치해 있었던 지역명칭에 대한 다양한 구술 내용이 나온

---

8) 구술자20(2007.2~2009.12)

것으로 볼 수 있다. 둘째, 동중리분소가 기존의 '오로 22호 교화소가 있던 자리인 영광군 동중리에 위치하고 있는 것으로 확인되기 때문이다. 이러한 배경을 바탕으로 동중리분소는 함경남도 영광군 동중리에 위치하고 있음으로 파악된다.

교화소 위치에 대한 구체적인 주소가 아닌 체감 거리로 설명한 구술 내용을 살펴보면 본소는 함경남도 함흥시 회상구역 시내에 위치하고 있다고 하였지만 성원리분소와 동중리분소의 경우 시내와 30~40리 혹은 차로 30분정도 떨어진 곳에 있었다고 하였다. 이러한 구술 내용을 종합해 보면 본소는 함흥 시내에 위치해 있었고 성원리분소와 동중리분소는 시내지역과 떨어져 있었다는 것을 알 수 있다.

[그림 1] 함흥교화소 위치

[그림 2] 위성 사진으로 본 함흥교화소 본소

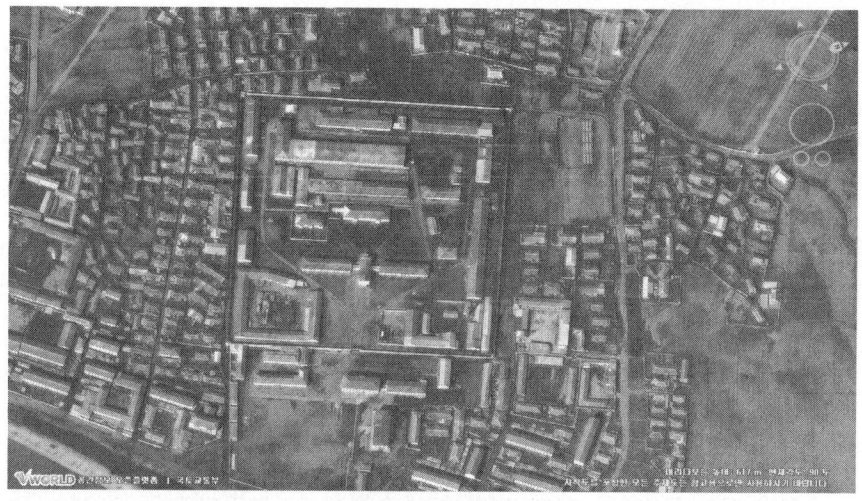

▶출처: 국토교통부, 공간정보 오픈플랫폼 V-WORLD

[그림 3] 위성 사진으로 본 함흥교화소 동중리분소

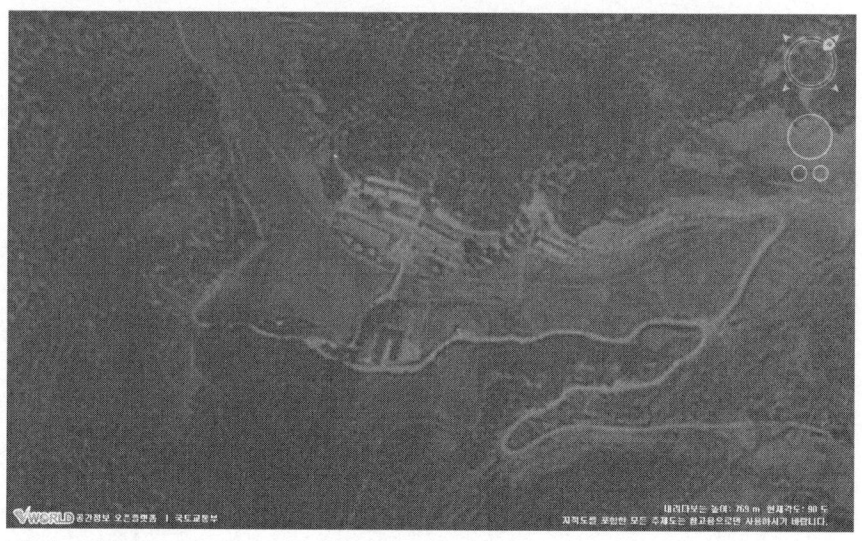

▶출처: 국토교통부, 공간정보 오픈플랫폼 V-WORLD

II. 시설 규모 및 환경

1. 구금 시설

가. 시설 및 구금 인원 규모

함흥교화소의 경우 1개의 본소와 2개의 분소로 구성되어 있었는데 각기 다른 관리과로 구성되어 있었다. 함흥교화소 구금 인원 및 규모에 대한 구술 내용을 본·분소 별로 살펴보면 다음과 같다.

1999년부터 2005년 구금되어 있었던 구술자4(1999.11~2005.9)의 구술 내용을 살펴보면 당시 함흥교화소 본소에는 '1과'와 2과가 있었다고 구술하였다. 함흥교화소 본소에는 재봉기 공장이 있어 당시 교화소 내 작업도 재봉기 생산과 관련되어 있었다고 하였다. 1과는 재봉기 생산을 관리하는 과로 가공 1~9반까지 있었고, 색칠을 담당하는 '도장반', '도금반'이 속해 있었다고 하였다. 2과는 '취장반'(영선반), '장비반', '공무가공반', '공무보수반', '단조반', '주물반', '사락반'9), '검사반', '목공반', '소재반', '창고반'이 있었다고 하였다. 작업반 인원은 인원이 적은 반의 경우 40명 정도 소속되어 있었고 인원이 많은 반의 경우 50명이 있었다고 하였다. 또한. 병원이 교화소 본소 내 위치하고 있어 16~25명의 위생원, 식당취장, 약초관리원들이 소속되었다고 구술하였다. 하지만, 구금 당시 자제가 부족한 관계로 재봉기 생산이 어려운 경우, 외화벌이를 위해 '삼실'을 꼬거나, 벽돌을 찍거나, 밭에서 일을 하거나, 나무를 하러 가기도 하였다고 하였다. 비슷한 시기에 구금되어 있었던 구술자3(1999.4~2005)은 '공구보수반'에 소속되어 쌍마재봉기를 생산하였으나 경제가 악화되기 시작하면서 재봉기 생산이 어려워지자 교화소에서 삼실을 꼬거나, 땅을 파는 일을 하였다고 하였다.

---

9) 주물공정에서 나온 찌꺼기를 처리하는 작업을 뜻함. 집필자 주.

함흥교화소에는 교화반마다 인원이 조금씩 달라요. 병원은 16명~25명 (위생원, 식당취장, 약초관리원), 다른 교화반은 많은 교화반이 50명 정도, 적은 교화반이 40명 정도에요. 반이 많아요. 관리과 별로 재봉기 만드는 1과에는 가공1, 2반 가공3반, 가공4, 5반, 가공6, 7반, 가공8, 9반, 도장반(제봉을 색칠하는 곳), 도금반이 있어요. 2과는 취장반(영선반), 장비반(기계들 고장 나면 수리하는 곳), 공무가공반, 공무보수반, 단조반(형태 찍어내는 곳), 주물반, 사락반, 검사관, 목공반, 소재반, 창고반 등이 있어요.
함흥교화소는 재봉기 공장인데도 1년에 10대, 많이 생산하면 30대나 생산하고 그래요. 자제가 없으니 뭘 생산할 수가 없어요. 기타 시간에는 외화벌이로 삼실을 꼬고 그래요. 브록을 찍고 그랬어요. 또 나무 캐러 가고 밭에서 일도 하고 모든 일을 다 해요.[10]

 1999년부터 2002년 함흥교화소 본소에 구금되어 있었던 구술자 6(1999.7~2002.9)의 구술 내용을 살펴보면, 1~5관리과까지 있었고, 과별로 작업 내용을 살펴보면 1관리과는 선반 등 공정별 기계 생산을 담당, 2관리과는 재봉기 생산, 3관리과는 성원리 농장, 4관리과는 함경남도 정평군 금광, 5관리과는 함경남도 고원군 탄광이었다고 하였다. 1관리과는 1~9반까지 공정별로 나누어져있었는데 1~2반은 선반 관련 작업이 이루어졌다고 한다. 2과는 재봉기 생산을 위한 소재반, 장비반, 공무가공, 공무보수, 창고, '머리조립', '다리조립', 주물, 사락(주물찌꺼기 처리), '보일러반', 취장반 등이 있었다고 하였다. 당시 관리과별 인원을 살펴보면 1관리과와 2관리과에는 각 1,000명으로 본소에는 2,000명 이상이 구금되어 있었다고 구술하였다.

 함흥9교화소가 있는 데는 함흥시 회상구역 회양동입니다. 거기에 본소가 있고, 본소에는 1관리과(1,000명), 2관리과(1,000명), 병원(30명) 등이 있습니다. 본소에 남자 신입반, 여자 신입반도 있고. 본소에는 전체 2000명 이상이 되었습니다. 그 외에 3관리과라고 여자 농산반이

---

10) 구술자4(1999.11~2005.9)

회상구역 성원리에 나가 있고, 4관리과는 금광인데 함남 정평군에 나가 있습니다. 5관리과는 함남 고원에 있는 탄광에 나가있고. 본소에는 남자들만 있고, 여자들 중에 아파서 쓰러진 사람들은 본소로 와서 병원에 있고. 4관리과나 5관리과도 들어가고 나가는 기본 관리는 본소에서 합니다.
1관리과가 1~9반까지 있는데, 가공 1, 2는 다 선반이고, 9반까지 공정별로 나뉘어 있단 말입니다. 주물에 넣어 기계를 만듭니다. 2과는 1과에서의 재봉기 생산을 보장하기 위한 단위들로 소제반, 장비반, 공무가공, 공무보수, 창고, 머리조립, 다리조립, 주물, 사락(주물찌꺼기 처리), 보일라반, 취장이 있습니다.[11]

2008년부터 2010년까지 본소에 구금되어 있었던 구술자22(2008~2010)의 구술 내용을 살펴보면 당시 1개 교화반에 100명 정도가 있었고 한 조는 7~8명으로 구성되어 있었다고 하였다.

옛날에는 보수가공반이라 했다. 담당보안원들이 있다. 용접을 시켜보고 배치했다. 한 개 교화반이 100여명 된다. 조가 7-8명이다. 실뽑기를 한다. 조그만 상표 붙이는 일이 있다. 앉아서 만드는 일을 한다.[12]

구술자30(2007.12~2009.7)은 2007년 함흥교화소 본소 입소 당시에는 넓게 잘 수 있을 정도로 인원이 많지 않았고 당시 교화소 수용 가능 인원은 2,500명이라고 하였다. 하지만 2009년 퇴소 당시 본소에는 3,800명이 있었다고 하였다. 교화생들이 증가하자 본소 내 공간을 마련하기 위해 강당을 없애고 다락을 만들었다고 구술하였다.

내 나올 당시 수용능력이 1,000명 능력인데서 본소에만 3,800명 정도 되었습니다. …. 우리 강당 없애고 교도소 죄수 방으로 넓혔습니다. 그리고 또 옮겼는데 도시 설비 다 뜯어내 가고 그걸 감방으로 만들어서 이전 시켰습니다. …. 그렇게 하고 그 때 당시 사람들이 많이 들어오

---

11) 구술자6(1999.7~2002.9)
12) 구술자22(2008~2010)

니까 세 번 옮기고 교화반마다 2층 다락 있지 않습니까? 사람이 너무 많이 들어오니까 다락으로 했습니다.13)

　1998년부터 2002년까지 성원리분소에 구금되어 있었던 구술자1(1998.12~2002.4)은 당시 성원리분소에는 1~5반까지 있었는데 1~2반은 '남새반', 3~4반은 '농산반'과 남새반으로 구성되어 있었고 5반은 다양한 반으로 이루어져 있었는데 당시 '화목반', '취사반', '돈사반', '건설반'은 5반에 속해있었다고 구술하였다.
　2002년에 구금되어 있었던 구술자10(2002.5~2002.12)의 구술 내용을 살펴보면 당시 함흥교화소 성원리분소에는 총 11개 반이 있었는데 1~2반은 남새반, 3~4반은 농산반, 5반 건설반, 6반 돈사반, 허약자들이 배속되어 있었던 7반은 병반이었고, 8반은 '기와반집', 9반은 식당, 10반은 주로 남자들이 배속되어 있었던 '제재반', 11반은 화목반이라고 구술하였다. 11반 인원을 다 합하면 600명 정도가 있었다고 하였다. 구술자가 배속되어 있었던 3반 농산반은 인원이 총 75명이 있었는데 한 방에서 다 같이 생활을 하였다고 하였다.
　2003년부터 2005년까지 구금되어 있었던 구술자12(2003.12~2005.9)는 당시 함흥교화소 성원리분소에는 300명 정도가 구금되어 있었다고 하였다. 교화소 구금 당시 작업 내용은 농장일, 나무하는 일, 돈사 관련 된 일을 하였다고 한다.
　2005년부터 2007년까지 함흥교화소 성원리분소에 구금되어 있었던 구술자19(2005.12~2007.11)는 당시 1~6교화반과 돈사반(축산반)이 있었다고 하였다. 1~4교화반까지는 농산 일을 하였고, 5교화반은 화목반, 양과 소 우리가 있었던 6교화반은 건설반이었다고 구술하였다. 3교화반은 '재범자반'으로 일은 비슷하나 다른 작업반에 비해 경비가 심하였다고 한다.

---

13) 구술자30(2007.12~2009.7)

> 6교화반까지 있고, 돈사반이 있었어요. 1교화반부터 4교화반까지는 농사일을 했고, 5교화반은 화목반(땔감), 6교화반(양, 소 우리)은 건설반이에요. 돈사반은 축산반이에요. 돼지, 오리, 닭 이런 것들을 키우는 반이요. 죄수구분은 따로 없고 다 같이 한 데 모아져 있어요. 단지, 3교화반은 재범자 반이에요. 일은 똑같은데 특별히 경비가 세요.[14]

2008년부터 2011년 함흥교화소 성원리분소에 구금되어 있었던 구술자23(2008~2011.2)의 구술 내용을 살펴보면 '2과'는 '수예과'였고, '3과'는 성원리, '6과'는 동중리에 위치하고 있었다고 하였다.

> 여자들은 2과 수예반, 3과 성원리 농장관리, 6과 동준리 쪽 농산반 같은게 있어요.[15]

2007년부터 동중리분소에 수감되어 있었던 구술자20(2007.2~2009.12)은 당시 1반, 2반, 화목반, 취장반, 축산반으로 5개반이 있었는데 '사금조' 혹은 '사금반'은 축산반과 같이 있었다고 구술하였다.

> 화목반, 1반, 2반, 취장, 축산반 이렇게 였어요. 사금반은 축산하고 같이 있었어요. 돼지 돈사를 합쳐놨어요. 사금조는 따로 있어요. 축산반에 섞여놨어요.[16]

2008년부터 2010년까지 구금되어 있었던 구술자25(2008.3~2010.9)는 신입반에서 한 달이 지난 후에 함흥교화소 동중리분소 6과에 구금되었는데 당시 1~2반은 농산반으로 인원이 각 78명씩 있었고, 3반은 남새반 40~50명, 4반은 축산반 40~50명, 5반은 화목반으로 인원은 30~35명, 마지막으로 6반은 취장반으로 6명이 있었다고 하였다. 구술자25는 당시 농산 1반에 배속되었었다고 구술하였다.

---

14) 구술자19(2005.12~2007.11)
15) 구술자23(2008~2011.2)
16) 구술자20(2007.2~2009.12)

2009년부터 2010년까지 구금되어 있었던 구술자26(2009.5~2010.9)은 함흥교화소 동중리분소 구금 당시 함흥교화소 내에 6관리과까지 있었고 한 관리과는 보통 5반으로 나누어져 있었다고 하였다. 6관리과에는 1~5반까지 있었는데 1~2반은 농산반, 3반은 남새반, 4반은 돈사반, 5반은 화목반 이라고 구술하였다. 당시 한 작업반마다 인원은 80명으로 총 270명이 6과에 속해있었다고 하였다.

> 함흥9교는 6관리과까지 있고 각 관리과에 보통 5반까지 있었습니다. 6관리과는 270명 정도 있고 한반에 80명 정도 있었습니다. 1,2반은 농산반, 3반은 남새반, 4반은 돈사반, 5반이 화목반, 함흥9교는 함흥시 회상구역 회상동에 있고, 우리가 있었던 6관리과는 함흥시 영광군 동중리에 있었습니다. 단층건물 한 동이고 감방이 5반까지 있고, 위생실(의사+간호원(죄인)), 독방, 식당 등이 있습니다. 창고도 있습니다. 독방에 구금된 사람을 봤습니다.[17]

함흥교화소에서 구금자의 인원 증가 등의 이유로 다른 교화소로 이송되었다는 구술 내용이 있었다. 구술자9(2002.4~2003.2)는 2002년 4월 함흥교화소 본소에 구금되어 있었으나 2003년 2월 교화소 내 인원이 증가하자 다른 30여명의 여자 구금자들과 '강원도 천내교화소'로 이송되었다고 구술하였다.

구술자14(2005.2~2005.3(4))는 함흥교화소 본소에서 성원리로 배치된 지 얼마 되지 않아 미상의 이유로 '개천교화소'로 이송되었다고 구술하였다.

> 처음부터 개천에 간 게 아닙니다. 처음에는 함흥에 갔습니다. 본서에 그물뜨기 하는 사람만 남겨 놓고 어디 시골에 농사 지러 간다고 했습니다. 거기서 한 달, 두 달 있었을까 오래 있지도 못했습니다. 어느 순간 몽땅 옮겨 서리 어디 간다는 거 모르고 여기로 말하면 컨테이너 있지 않습니까? 말 실고 다니는 빵통이라는지 문 다 걸어놓고 정신없이

---

17) 구술자26(2009.5~2010.9)

달려갑디다. 내리고 보니까 개천이라고 쓰여 있습디다. 거기서 차타고 얼마나 많이 들어가는지 모릅니다. 그렇게 가보니까 농사짓는 곳이었습니다. …. 개천 교화소인지 역전 이름이 있으니까… 마지막에 끝났을 때도 개천 역전에 들어가지도 못하고 죽 앉아 있었거든요. 아 우리가 개천에 갔댔구나 생각하고 있습니다.
함흥에 간 것은 2월 초입니다. 김정일 생일 전에 뽑는다고 그렇게 갔습니다. 함흥에서 한 달? 두 달 정도나 있었을까? 봄부터는 두엄 펴기부터, 봄에 논두렁 깍지 않습니까? 개천에 가서 일했단 말입니다. 3월 아니면 4월 초에는 개천 가 있었습니다. 함흥에서 강냉이랑 심었던 기억이 없습니다. 그냥 퇴비만 나르고 그러다가 어느 순간 옮겨 갔습니다. 본서에서 그 배치까지 되었다가 갔습니다.[18]

    함흥교화소 작업관리과에 대한 구술 내용을 종합해 보면, 구술자별로 작업관리과에 대한 정보와 배속되어 있었던 인원수에 대해 차이를 보이고 있음을 알 수 있다. 이는 함흥교화소가 본소와 2개의 분소로 나뉘어져 교화생들이 관리되어 있었고 또한, 본인이 배속되어 있었던 관리과에 대해서는 자세히 알고 있었지만 함흥교화소에서 자유롭게 다른 관리과 교화생들과의 교류가 불가능하였기 때문에 본인이 배속되어 있지 않았던 관리과에 대해서는 잘 알지 못했던 것으로 보인다. 마지막으로, 교화생들이 함흥교화소에 구금되어 있었던 시기가 다르기 때문이다. 이러한 이유들을 감안하고 파악된 함흥교화소 시설 및 구금 인원 규모에 대한 실태는 다음과 같다.
    첫째로 함흥교화소 본·분소에 구성되어 있었던 관리과에 대한 구술 내용을 살펴보면 1~5관리과 혹은 6관리과로 운영되고 있으며 각 관리과 마다 다른 작업을 관리하고 있었음을 확인 할 수 있다. 각 관리과 작업 내용을 전반적으로 살펴보면 다음과 같다.

---

[18] 구술자14(2005.2~2005.3(4))

1관리과: 기계생산 담당 혹은 재봉기 생산
2관리과: 재봉기 생산 혹은 수예반
3관리과: 성원리분소
4관리과: 함경남도 정평군 금광
5관리과: 함경남도 고원군 탄광
6관리과: 동중리분소

두 번째로 각 관리과 별 구성되어 있었던 '반'에 대한 내용을 살펴보면 각 관리과별로 특성에 맞게 운영되고 있었음을 알 수 있다. 본소에 위치하고 있었던 1·2관리과 작업반 구성 내용을 살펴보면 다음과 같다.

1관리과: 도장반, 도금반, 선반관련 작업반 등 9개 반으로 구성.
2관리과: 취장반(영선반), 장비반, 공무가공반, 공부보수반, 단조반, 주물반, 사락반, 검사반, 목공반, 소재반, 창고반, 머리조립반, 다리조립반 등으로 구성.

함흥교화소 성원리분소에 있던 3관리과의 경우 구술자에 따라 상이한 구술 내용을 담고 있으나 주로 이루어진 작업은 농산및 축산과 관련되었던 것으로 확인된다. 3관리과의 세부 반에 대해서 살펴보면, 1~5반과 기타반, 1~6반과 돈사반, 혹은 1~11반까지 있었다고 하는 등 구술자별로 차이를 보이고 있다. 각 반별의 세부 작업 내용을 살펴보면 1~2반은 남새반으로 공통된 내용을 구술하고 있다. 3~4반은 농산반으로만 운영되었다고 구술한 내용과 농산반과 남새반으로 구성되어 있었다고 하는 구술 내용도 있었다. 5반의 경우 화목반 혹은 건설반이었다고 구술한 구술자들이 있었는데 이는 5반의 경우 한 반으로만 구성된 것이 아니라 화목반, 취사반 돈사반 건설반 등 다양한 반이 5반에 속해있었기 때문으로 보인다. 6반은 건설반 혹은 돈사반으로 구성되어 있었다고 하였다. 11반까지 있었다는 구술자

10(2002.5~2002.12)의 구술 내용을 살펴보면 7반은 병반, 8반은 기와반집, 9반은 식당, 10반은 주로 남자들이 배속되어 있었던 제재반, 11반은 화목반이라고 하였다. 이러한 구술 내용을 종합적으로 살펴보면 성원리분소의 3 관리과는 주로 농산 및 축산과 관련된, 농사반, 남새반, 화목반, 취사반, 돈사반과 건설반 등으로 구성되어 있었던 것으로 확인되나, 성원리분소 개소 초기에는 시설 건설을 위해 남자들이 배속되어 있었던 제재반 등이 있었던 것으로 파악된다.

함흥교화소 동중리분소에 있던 6관리과 구술자들의 구술 내용을 통해 1~2반은 농산반, 3반은 남새반, 4반은 축산반 혹은 돈사반, 5반은 화목반으로 파악된다. 마지막으로 6반은 구금자들의 식사를 준비하는 취장반이였던 것으로 나타났다.

이러한 관리과 별 '반'에 대한 구술 내용을 통해 함흥교화소의 본소와 분소별로 작업 내용이 확연한 차이가 있음을 파악할 수 있다. 본소의 경우 재봉틀 생산 시설이 있었던 이유로 재봉틀 생산 관련된 작업반 위주로 운영되었고 여자들만 구금되어 있었던 성원리분소 및 동중리분소의 경우 농산반, 남새반, 축산반으로 구성되었음을 확인할 수 있었다.

또한, 각 반에 대한 구술 내용을 통해 초범자와 재범자를 분류해서 관리하였던 것으로 나타났다. 동중리분소는 2반, 성원리분소에서는 3반이 재범자반으로 일반 초범 구금자들과 분리되어 구금되어 있었고 감시가 심했던 것으로 확인되었다.

마지막으로 함흥교화소 내 구금인원에 대한 구술 내용을 시기별로 살펴보면 다음과 같다. 1999년부터 2005년에 본소에 구금되어 있었던 구술자4(1999.11~2005.9)는 한 작업반 당 인원이 적은 경우는 40명 정도 인원이 있었고 많은 경우에는 50명이 있었다고 하였다. 또한, 추가적으로 16~25명의 위생원, 식당취장, 약초관리원 등의 인원이 있었음을 알 수 있다. 종합하면 1관리과와 2관리과 각 1,000명씩 구금되어 있어 총 2,000명의 인원이 본소에 구금되어 있었던 것으로 파악된다. 2008년부터 2010년 당시 본소 작업반 당 인원이

100명 정도가 있었고 조 별로는 7~8명에 있었던 것으로 확인된다. 2009년은 교화소 인원이 3,800명으로 2008년대 후반 함흥교화소 본소에서는 인원이 증가하였음을 알 수 있다.

함흥교화소 동중리분소에 구금되어 있었던 2000년대 후반 구금인원을 확인하면 구술자 반별로 인원 차이가 있으나 전체적으로는 당시 동중리분소 구금 인원은 270~300명 사이였음을 알 수 있다. 구술자26(2009.5~2010.9)은 당시 한 반에 약 80명 정도 구금되어 총 270명 정도의 인원이 있었다고 하였으나 구술자25(2008.3~2010.9)의 구술 내용을 통해 반별 자세한 인원을 확인해 보면 1~2반의 경우 인원이 각 78명으로 다른 작업반보다 많았고, 3반과 4반은 40~50명, 5반은 30~35명, 6반은 6명이 구금되어 있었던 것으로 알 수 있다.

성원리분소 구금 인원에 대한 구술 내용은 시기별로 차이를 보이고 있다. 2002년에는 600명이 성원리분소에 구금되어 있었다고 하였으나 2003년부터 2005년의 경우 300명 정도가 구금되어 있었던 것으로 여러 구술 내용을 통해 확인된다. 2003년 이후 구금 인원 감소의 원인으로는 함흥교화소 교화생인원이 급격하게 증가하자 이러한 문제를 해결하기 위해 천내교화소, 개천교화소, 동중리분소 등 주변 다른 교화소로 구금인원을 이송하였기 때문으로 보인다.

나. 시설 환경 및 운영 규칙

1) 시설 환경

함흥교화소 본소의 시설환경에 대한 구술 내용을 연도별로 살펴보면 다음과 같다. 구술자4(1999.11~2005.9)가 자신이 구금되어 있었던 교화소 본소에 대해 묘사한 구술 내용을 살펴보면 바닥은 시멘트 바닥으로 70명 80명이 같이 한 방을 사용 하다 보니 벼룩과 빈대가 많이 있었다고 하였다. 또한, 난방 시설은 없었고, 방안에 화장실이 있었는데 문만 달려있는 수준이었다고 하였다. 비슷한 시기에 본소에 구금되어 있었던 구술자3(1999.4~2005) 역시 당시 시설 환경은 말할 수 없을 정도로 더러웠다고 구술하였다.

> 처음 교화소 들어올 때는 방 안 시멘트 바닥이었고 벼룩, 빈대가 그득 했어요. 함흥교화소는 원래 공장하던 건물이었던지라 거기서 70명, 80명이 다리 위에 다리 올라가고 그렇게 잤어요. 소변 마려워서 누고 오면 자리가 없어져요. 옆으로 누워서 자도 자리가 부족해요. 난방은 그런게 어디 있어요. 위생 상태는 같은 방 안에 화장실이 있어요. 문짝만 달아났다 뿐이지, 청소와 관리는 구금자들이 해요. 화장실 청소하는 사람들한테 밥을 조금 더 주거나 면식을 주고 그래요. 어쨌든 인간 사는 곳이니까.[19]

성원리분소에 구금되어 있었던 구술자8(2001.5~2003.1)의 구술 내용을 살펴보면 당시 교화소 건물은 새로 지었던 건물임에도 불구하고 땅굴처럼 어둡고 시설이 좋지 않았다고 구술하였다. 또한, 호실마다 물이 나오지 않아서 물을 길어다 쓰다 보니 물을 마음대로 쓸 수 없었고 샤워 같은 경우 여름에 단체로 강에 가서만 할 수 있었다고 하였다.

> 방이 9개 방 있었지. 건물이라는 게 다 뭐이야, 그저 동굴 같은 게 땅굴처럼 그저 시커먼 데서 지냈소. 새로 지었어도 야, 우리 뭐 죄 지은 사람들이 얼마나 휘황찬란한 데 살다 왔겠소. 물이라는 게 호실마다 그저 물이 없지. 우리 다 일 나오면 야, 각 반별로 있지야, 호실장이라는 게 있다고. 호실 청소하고, 자기네 방 양말이라던가 이런 거 관리 해 주는 사람이 있단 말이오. 그 사람이 물을 다 길어다 놓는단 말이오. 그러면 그 물을 쓰지. 그런데 물도 다 마음대로 못 쓰오. 샤워는 저 바깥에 나가 하오. 강변에 나가서. 강변에 가서 그래도 여름에 가면 매일 하지. 단

---

19) 구술자4(1999.11~2005.9)

> 체로 가 하다나니까나, 하기 싫어도 하고, 하기 좋아도 해야 돼.[20]

    동중리분소의 시설환경에 대해 구술한 구술자20(2007.2~2009.12)의 내용을 살펴보면 사람이 사는 집 같지 않았다고 하였다. 교화소 건물은 이전에 돼지나 닭 등 짐승을 키우던 '우리'였기 때문에 빈대와 이가 많았고 교화소 내 방이 3개로 허약자, 재범자, 초범자로 구분되어 사용하였다고 하였다. 그렇기 때문에 여러 작업반이 같은 방을 사용하여 잠을 잘 때 사람 사이에 충분한 공간이 없었다고 구술하였다. 2008년 11월 동중리분소 내 건물이 신설되어 새로운 건물로 옮겨 간 후에는 작업반 별로 방을 따로 사용하게 되었다고 하였다.

> 처음에 왔을 때, 사람 사는 집 같지가 않았어요. 몸이 몽땅 빈대 문 자리였어요. 밤에 너무 물어서. 짐승이 있었던 우리였어요. 그때 사람들이 많이 죽었어요. …. 낡은 집에는 방이 3개가 있었어요. 하나는 허약자반이 있었고, 재범자는 2번째 칸이고 첫 번째는 초범자반이었어요. 축산반이 우리 같이 있었어요. 초범자반은 1호였어요. 취사반도 우리랑 같이 있었어요. 취사반은 우리랑 같이 잤어요. 그 다음에 새로운 데로 가서는 각자 방이 있었어요. …. 거기서 제일 고통스러운 게 잠자리를 사람이 틈이 없이 만들어 놓는 가에요.[21]

    함흥교화소의 시설환경의 대해 구술한 내용을 살펴보면, 공통적으로 매우 열악한 환경에 처해 있었음을 알 수 있다. 기본적으로 UN피구금자처우준칙과 같이 시설, 운영 등의 국제적 기준을 적용하지 않고 있음을 알 수 있다.
    우선, 난방, 전기 등 기본적인 시설환경이 제공되는 부분이 없었던 것으로 나타났다. 화장실은 방안에 있었으나 문만 달려는 수준이었던 것으로 파악된다. 청결 관련해서 구술 내용을 살펴보면 벼룩과

---

20) 구술자8(2001.5~2003.1)
21) 구술자20(2007.2~2009.12)

빈대가 많이 있는 등 청결이 유지되지 못하는 부분이 많이 있었던 것으로 나타난다. 이러한 원인으로는 동중리분소의 경우 가축 우리 등으로 사용되던 시설이 교화소 구금시설로 변경되면서 기본적으로 열악한 환경에서 생활할 수밖에 없었던 것으로 확인된다. 또한, 방 규모에 비해 구금되어 있었던 인원이 많이 있었기 때문에 비좁게 생활할 수밖에 없었던 것으로 보인다. 하지만, 동중리분소는 2008년 새로운 시설로 이전하게 되면서 교화소 시설 환경이 일부 개선되었던 것으로 보인다.

2) 시설운영규정 및 생활수칙

함흥교화소의 시설운영규정을 각 본소, 분소 별로 정리하면 다음과 같다.

본소에 구금되어 있었던 구술자4(1999.11~2005.9)는 1999년 처음 입소하였을 당시와 2002년에 규칙이 변경되었다고 구술하였다. 1999년 당시에는 생활규정, 위생규정, 인민보안원에 대한 예절과 질서 등 4가지가 있었으나, 2002년 개정이 되면서 생활규정 및 인민보안원에 대한 예절과 질서 2가지로 압축되었다고 구술하였다. 이후, 개정된 2가지 항목에 대해 자세히 살펴보면 생활규정은 주로 교화소에서 구금자들이 지켜야 할 생활 준수 사항과 지도원에 대한 예절과 질서에 대한 내용이었다고 구술하였다. 생활 준수 사항에 대한 구술 내용을 살펴보면 '첫째, 자신을 혁명적 신념과 사회인간으로 개조하기 위하여 적극 노력하여야 한다. 둘째, 자신의 범죄를 교화하기 위해 노력하고 범죄를 고치기 위하여 적극 노력하여야 한다.'등 자신의 행위에 대한 규정이었다. 나머지 항목, 인민보안원에 대한 예절과 질서에 대한 내용을 살펴보면, '인민보안원'을 대할 때 행동 규칙에 대한 사항이었다. 예를 들면 인민보안원이 수감생을 찾는 경우 해당 보안원에게 뛰어가야 하고, 대화 시 무릎을 꿇고 보안원의 눈을 바라보지 못한 채 자신의 번호를 대고 찾아 온 이유에 대해 밝혀야 한다는 등에 대한 내용이었다. 2002년 2가지 항목으로 규칙이 축소되었다고 해도 기존 항목에 대한 전반적인 내용이 그대로 남아있었다고 하였다. 또한, 규정을 학습하기 위해서 매일 저녁 식사 전까지 암기를 해야 했다고 구술하였는데 해당 규정은 '새 출발'이라는 신문 및 '교양자료'라는 책을 사용하여 암기를 하였다고 하였다. 암기 여부를 확인하기 위해 감방관리가 매일 큰 소리로 암송을 시켰다고 구술하였다.

> 규율이나 규칙은 생활규정이라고 하는데, 주로 교화생들이 교화소에서 지켜야 할 생활준수사항이고 인민보안원(지도원)에 대한 예절과 질서에요. 찾을 때는 어떻게 하고 말할 때는 어떻게 하고, 일할 때는 어떻게 하고 그런 것들이 있어요. 찾을 때는 내따 뛰어가서 무릎 꿇고 앉아서 쳐다도 못보고 번호를 대고 찾아서 왔습니다. 이렇게 말해야 해요. 생활규정은 첫째, 자신을 혁명적 신념과 사회인간으로 개조하기 위하여 적극 노력하여야 한다. 둘째, 자신의 범죄를 교화하기 위해 노력하고 범죄를 고치기 위하여 적극 노력하여야 한다. 이렇게 규정이 계속 있어요.
> 1999년에는 생활규정, 위생규정, 인민보안원에 대한 예절과 질서 등 4가지 규정이 있었는데 2002년도에는 4가지를 2가지로 줄이고 생략했어요. 그래도 외울 것은 줄어들었는데 그 안에 4가지 규정 내용이 다 들어가 있어요.
> 그래 일하고 들어오면 저녁 식사시간 전까지, 자기 전까지 규정을 외워야 해요. 교화소에서는 '새출발'이라는 신문이 있어요, '교양자료'라는 책도 있는데 반장이 일어나서 읽어주고 그래요. 감방관리가 사람들이 생활규정 암송하라 그러면 큰 소리로 외우고 그래야 해요. 매일 하기 싫어도 그것 다 외워야 해요.[22]

---

22) 구술자4(1999.11~2005.9)

성원리분소에 구금되어 있었던 구술자28(2009.10~2010.12)은 교화 생활 규정에 대해 간략하게 구술하였다. 식사시간의 경우 말을 크게 하지 못하였고 특이한 사항은 밥그릇을 들고 먹고 식사를 해야 한다는 점이었다. 또한, 이러한 규정을 지키지 않았을 경우 몽둥이 혹은 발로 폭행이 이어졌다고 구술하였다.

> 떠들고 목소리 높으면 처벌을 줘요. 밥그릇을 들고 밥을 먹어야해요. 몽둥이 나 구두발로 때리기도 해요.[23]

동중리분소에 구금되어 있었던 구술자27(2009~2012)의 구술 내용을 살펴보면, 당시 인민보안원에 대한 규정과 위생준칙에 대한 규칙이 있었다고 하였다. 인민보안원에 대한 규칙은 인민보안원에 대한 존경에 대한 내용이었고, 위생준칙의 경우 주로 음식에 대한 규정 및 위생에 대한 규칙이었다고 구술하였다.

> 규칙은 인민보안원에 대한 것은 존경하고 어쩌고 하는 건데, 다 까먹었어요. 위생준칙은 날 것은 먹지 말자, 머리는 한 달에 두 번 깎는다, 파리, 모기 바퀴벌레를 때려잡아라. 생활 준칙은 인민보안원에 대한 건데 모르겠어요.
> '인간도 아니고 짐승 취급도 못 받는다. 너네는 하늘도 쳐다보지 말고,' 선생님 얼굴도 못 쳐다봐요. '선생님, 만나러 왔습니다. 불러서 왔습니다.' 선생님이 '머리 들어.' 해야지 얼굴을 보지. 인간 취급을 안 한다고요.[24]

2007년부터 2009년까지 함흥교화소 동중리분소에 구금되어 있었던, 구술자20(2007.2~2009.12)의 구술 내용을 살펴보면, 위생준칙과 10번까지 있는 준칙이 따로 있었다고 하였다. 위생준칙의 경우 식사를 할 때 자기의 위치에서 먹어야 한다고 규정되어 있었다고 하

---

23) 구술자28(2009.10~2010.12)
24) 구술자27(2009~2012)

였고, 준칙의 경우 복도를 지나갈 때 취해야 할 태도, 학습시간 내 말을 하지 못하는 점 등이 있었다고 구술하였다. 또한, 이러한 규칙들을 학습을 한 후 시험을 보고 문답을 해야 했었다고 하였다.

> '복도로 갈 때는 고개를 숙이고 지나가야 한다.' 준칙은 10번까지 있었어요.
> 위생준칙은 그 안에서는 일체 공방 들어와서 상대방에게 밥 먹는 위치 자기 자리에서 앉아야 한다. 마주 앉아서 먹어야 한다. 그리고 학습시간에는 말을 못하고. 교화소에서는 10대원칙, 교화소에서 지켜야할 규칙을 공부시켜서 시험치고 문답씩을 했어요.[25]

함흥교화소에서는 교화생들이 지켜야할 생활규정과 위생규정이 있었던 것으로 파악된다. 본소와 분소의 생활규정을 종합하면 자신의 행위에 대한 규정으로 '자신을 혁명적 신념과 사회인간으로 개조하기 위하여 적극 노력하여야 한다,' '자신의 범죄를 교화하기 위해 노력하고 범죄를 고치기 위하여 적극 노력하여야 한다,' '인민보안원이 수감생을 찾는 경우 해당 보안원에게 뛰어가야 한다,' '대화 시 무릎을 꿇고 보안원의 눈을 바라보지 못한 채 자신의 번호를 대고 찾아온 이유에 대해 밝혀야 한다,' '복도로 갈 때는 고개를 숙이고 지나가야 한다,' '학습시간에 말을 하지 못한다,' '식사시간에 떠들지 못한다,' 등의 내용들이 포함되어 있었다. 이러한 생활규정을 살펴보면 자신의 행위에 대한 반성과 개조, 교화소 내 생활과 관련되어 있었고 교화소 내 인민보안원 혹은 관리자에 대한 태도를 중요하게 여기고 있었다는 것을 파악할 수 있다.

위생규정은 구금자의 건강과 위생에 대한 내용으로 '날 것을 먹지 말자,' '머리는 한 달에 두 번 깎는다,' '파리, 모기, 바퀴벌레를 잡는다,' '식사는 정해진 자리에서 먹는다,' 등의 내용을 담고 있었다.

---

[25] 구술자20(2007.2~2009.12)

이러한 생활규정과 위생규정은 지켜야할 항목으로만 있는 것이 아니라 학습시간에 문답 및 시험을 통해 규정내용을 항상 숙지하고 있어야 했던 것으로 파악된다. 또한, 이러한 규정을 지키지 않는 경우 폭행 및 처벌이 이어졌던 것으로 나타났다.

다. 독방 설치·운영

함흥교화소의 독방 운영여부에 대한 구술 내용을 교화소 본·분소별과 연도별로 살펴보면 다음과 같다.

구술자30(2007.12~2009.7)은 함흥교화소 본소 구금 당시 본소에는 독방이 12개가 있었고 독방에 구금되어 있었단 다른 교화생을 목격하였다고 하였다. 또한, 독방에 구금되면 교화소에서 제공되는 밥에 1/3만 제공되었다고 구술하였다.

> 북한의 독감방은 사람 다리를 피지 못합니다. 밥도 원래 적게 주는 것에 3분의 1만 줍니다. 만기 방에서 나가기 전에 피뜩 봤는데 12칸인가에 꽉 찼는데 얼굴이 시컴한게, 아마 사람 3일만 있음 죽을 겁니다. 성성이 같더란 말입니다. 교도소 안에서 그 안에 또 들어가는 거 보니까 무섭습니다.[26]

2001년부터 성원리분소에 구금되어 있었던 구술자8(2001.5~2003.1)은 성원리분소에는 독방이 없었으나 본소에는 독방이 있었다고 구술하였다.

> 여자들 있는 성원리에는 독방 처벌이라는 거 없고, 그런 거는 저 본소에만 있소.[27]

---

26) 구술자30(2007.12~2009.7)
27) 구술자8(2001.5~2003.1)

성원리분소에 구금되어 있었던 구술자18(2006.10~2007.4)은 당시 교화생 중, 도주 시도를 하였다가 체포되어 본소 독감방에 구금되어 있다가 구술자18이 있던 성원리분소로 온 사람을 목격하였다고 하였다.

> 성명 미상의 여자가 06년 여름에 도주하다 체포되었다고 들었다. 그녀가 본소 독감방에 갇혀 있다가 06년 12월에 내가 있던 9교로 왔다. 다 죽게 되어 있었는데, 취반에서 그녀를 데려다가 먹였고, 3개월 만에 살아났다.[28]

동중리분소에 구금되어 있었던 구술자20(2007.2~2009.12)의 구술 내용을 살펴보면 2008년 새로운 시설에는 독방 2개가 생겼으나 이전 시설에는 독방이 없었다고 하였다. 이후 독방 구금에 대한 내용을 살펴보면, 규율에 따라 독방 구금기간에 차이가 있는데 심한 경우에는 7일~10일 독방에 구금되었다. 독방에서 제공되는 식량은 보통 교화소에서 제공되는 식량의 1/3이었다고 구술하였다. 독방 구금 원인은 보안원에 대해서 말을 잘 못 하거나, 중국 및 한국에 대해서 말을 하거나, 미신을 믿거나 교화소 내에서 다른 잘못을 저지르는 경우 구금된다고 하였다.

> 새 교화소를 2008년도에 맞은 켠에 만들었는데 그 안에 독감방을 2개 만들었어요. 원래는 독감방이 없었어요. 그 다음부터는 규율이 세졌어요. 독감방은 보안원에 대해서 발언을 잘못하거나, 그 안에서 나쁜 비법, 죄를 짓거나, 미신을 믿거나, 한국에 대해서 중국에 대해서 말을 한 사람을 거기다 넣는데. 딱 움직이지 못하게. …. 독방은 규율에 따라서, 범죄가 심하면 1주일 만에 나오거나 10일 만에 나왔어요. 그런데 대부분은 견디지 못하더라구요. …. 밥은 1/3줬어요.[29]

구술자27(2009~2012)도 당시 동중리분소 내 독방에 구금되었던

---

28) 구술자18(2006.10~2007.4)
29) 구술자20(2007.2~2009.12)

사람들을 보면 기본 식량의 1/3만 제공이 되었고, 눕지도 못하고 겨우 무릎을 꿇을 수 있는 방 크기에 구금되기 때문에 독방에 갔다 오면 체력적, 심리적으로 불안정하게 되었다고 구술하였다.

> 방에 1주일 둬요. 우리는 독방에서 밥을 1/3줘요. 무릎을 꿇을 만한 방을 줘요. 눕지도 못해요. 거기 갔다 오면 다 죽어서 나와요. 갔다 나와서 그저 괜찮았는데, 들어갈 때 보다는 많이 못했어요. 축가고, 정신적으로 우울해서, 신경전을 많이 한단 말입니다.30)

비슷한 시기에 동중리분소에 구금되어 있었던 구술자26(2009.5~2010.9) 역시 교화소에서 구금 후 도둑질을 해서 1주일간 독방에 구금되었던 사람을 목격하였다고 하였다.

함흥교화소 내 본·분소별 독방 시설 유무를 구술 내용을 통해 살펴보면 본소에는 본소와 동중리분소에는 독방이 있었던 것으로 확인된다. 함흥교화소 본소에는 독방시설이 12개가 있었고 동중리분소의 경우에는 2008년 새로운 시설로 이전하기 전 시설에는 독방이 없었으나 2008년 새로운 시설로 옮겨가면서 독방이 생긴 것으로 확인된다. 하지만, 성원리분소의 경우 독방시설이 없었기 때문에 독방 처벌은 본소에 가서 받았던 것으로 확인 된다.
교화소 내 독방 시설 운영 규칙을 살펴보면 교화소 내에서 도주, 미신행위, 보안원에 대한 잘못된 발언, 중국 및 한국 관련 발언 및 추가 범죄를 저지를 경우 독방에 구금되는데 기간은 보통 1주일 동안 구금되나 길면 10일 구금되는 것으로 파악된다. 또한, 독방 시설에 구금되는 경우 또 다른 처벌이 가해지는데 보통 교화소에서 받는 식량보다 1/3정도 되는 양의 식량만 제공받는 것으로 확인 된다. 독방 시설을 살펴보면, 눕기도 힘들고 겨우 무릎을 꿇을 수 있는 크기

---

30) 구술자27(2009~2012)

의 작은 방이었음을 구술 내용을 통해 알 수 있다.

이렇게 열악한 처우를 받으면서 환경이 좋지 않은 독방 시설에서의 처벌 후 나온 교화생들의 상태를 묘사한 구술 내용을 살펴보면, 일부는 사망하고, 대부분 독방시설에서 나온 이후에 육체적·정신적인 고통으로 인해 건강이 악화되었던 것으로 파악되고 있다.

2. 의료 환경

가. 자주 발생하는 질병

함흥교화소에서 자주 발생하는 질병에 대한 구술 내용을 교화소별로 살펴보면 다음과 같다.

성원리분소에 구금되어 있었던 구술자11(2002.10~2005.7)은 100명 중에 30명은 설사로 고통 받았다고 하였다. 또한, 설사로 인해 허약에 걸리는 경우 뼈와 가죽만 남을 정도로 살이 빠지게 되었다고 구술하였다

> 설사를 많이 걸려요. 병이 많이 생기지. 100명 중에 30명 정도는 설사를 했지. 나중에는 보니까 항문이 열려서 변이 나오는 것도 모르더라고. 이야 그거 허약 걸린거 사람들은 살이 없어, 삐쩍 말라가지고 가죽밖에 없지요.[31]

함흥교화소에서 발생하는 질병에 대해 자세하게 밝힌 구술자19(2005.12~2007.11)의 구술 내용을 살펴보면, 당시 구금자들 중에 육체적 질병에 걸린 사람들도 많이 있었지만 정신적인 허약에 걸린 사람들도 많이 있었다고 하였다. 우선 육체적인 질병 내용을 살펴보면, 허약과 피부병 등 교화소 내 열악한 환경으로 발생하였다고 한

---
[31] 구술자11(2002.10~2005.7)

다. 피부병의 경우 주로 이, 모기, 빈대가 많은 주거환경으로 인해 발생하였다고 하였다. 정신적인 질병의 원인으로는 교화소 내에서는 구금자들을 사람 취급을 하지 않았기 때문이라고 구술하였다.

> 허약자들은 육체적 허약도 많지만 정신적인 허약도 많아요. 정신적으로 타락하는 거죠. …. 교화소에서 허약자들은 사람취급을 안 해요. …. 오염구역에서 사니까 피부병 환자가 많아요. 이도 되게 많아요. 여름에는 모기 성화가 있지, 빈대도 있지 말도 못해요. 특히 힘든 것은 이에요. 저는 한 주일에 한번 씩 씻었는데 그건 최상급인거예요. 그러다보니 피부병 환자가 많아요.[32]

구술자21(2007.5~2009.2)은 구금 당시 대장염, 허약, 열병이 발생하였다고 하였다. 허약에 걸렸는데 면회가 없거나 대장염에 걸린 사람은 생존이 어렵다고 구술하였다. 또한, 열병에 걸린 사람들도 있었는데 일부는 열병으로 사망한 경우도 있었다.

> 제가 2007년에 보았습니다. 당시 함흥시 9교화소에 있을 때입니다. 온전한 사람이 들어와도 힘들고 배고프고 그러니까 병에 많이 걸립니다. 제일 힘든 것이 대장염입니다. 그것에 걸리면 살아나도 완치가 안되고 결국에는 죽게 됩니다. 허약에 걸리면 면회 없이는 면식 없이는 죽을 수밖에 없습니다. 특히 나이가 있는 사람은 살아날 수가 없습니다. 저도 열병에 걸렸는데 한 달 앓았는데 당시 죽을 뻔 했습니다. 당시 죽은 여자는 제가 기억하기는 마흔을 넘은 사람이었습니다. 그 사람뿐만이 아니라 우리 반에만 해도 6명 정도가 그렇게 죽었습니다.[33]

동중리분소에 구금되어 있었던 구술자2(1998~2000.7)는 당시 열병이 돌면서 많은 사람들이 열병으로 죽게 되었다고 하였다.

---

32) 구술자19(2005.12~2007.11)
33) 구술자21(2007.5~2009.2)

> 열병 많이 돌았어요. 그때가 4월 중순부터 돌기 시작해서 많이 죽었어요. 몇 명인지는 몰라요. 이 방에서 몇 명 죽었다 저 방에서 몇 명 죽었다 그래요. 소독약도 없어요.[34]

2007년부터 2009년까지 동중리분소에 구금되어 있었던 구술자20(2007.2~2009.12)은 당시 열병, 허약, 설사, 감기가 가장 빈번하게 발생하는 질병이었다고 하였다. 설사는 보통 허약에 걸리면 발생하게 되는데 설사에 걸려 사망하는 사람들이 있었다고 하였다. 또한, 자주 발생하는 질병을 계절별로 살펴보면 봄에는 깨끗하게 씻을 수 없었던 이유로 옴에 걸리는 여자들이 많이 있었고, 여름에는 열사병에 많이 걸린다고 하였다.

> 열병이 기본 많고, 허약으로 해서 죽은 게 많고. 거기서 죽은 거는 허약에 걸려서 설사해서 죽었어요.
> 여름에는 열사병이 있고 감기는 보통 다 오는 거고 봄에 혹시 세게 긁잖아요. 봄에 옴이, 진물이 나고 여자들이 몸을 제대로 못 씻게 하니까 할 수 없이 깨끗이 못 씻으니까. 보통 여자들이 다 몸이 약해서 긁었어요. 그 병밖에 없었어요.[35]

구술자23(2008~2011.2)은 2008~2011년 함흥교화소 구금 당시 구금자 80%는 몸에 고름이 있었다고 하였는데 치료는 고름을 째서 빼고 소독을 해준다고 하였다. 하지만 이마저도 한번 해주면 자꾸 해줘야 한다는 이유로 잘 해주지 않았다고 구술하였다. 또한, 허약에 걸려서 사망하는 사람은 1년에 1~2명이 있었다고 하였다. 허약 환자용으로 포도당 주사가 중앙당에서 오는 경우가 있었는데, 이는 허약 3도에게만 제공되었다고 하였다.

---

34) 구술자2(1998~2000.7)
35) 구술자20(2007.2~2009.12)

굶어서 고름나는 경우가 80프로에요. 그러면 째서 고름 빼고 소독하는 정도 치료받구요. 한번 봐주면 자꾸 봐주게 되니까. 일하기 싫어하니까. 치료를 잘 안 해줘요. 1년에 한두 명 정도 허약으로 사망해요. 중앙당에서 내려오는 포도당 주사가 있는데 허약3도만 줘요.[36]

함흥교화소에서 '열병,' '설사', '허약'과 '피부병'이 대표적으로 자주 발생하는 육체적 질병으로 확인된다. 이러한 허약 및 설사가 발생하는 원인은 함흥교화소에서 식량을 충분히 제공하지 않았기 때문에 교화생들이 음식을 주워 먹는 경우가 종종 발생하였는데 잘못된 음식을 먹어 설사에 걸리는 경우도 있는 것으로 파악된다. 또한, 옴과 몸에 고름이 나는 등 피부병에 걸리는 사람들도 있었는데 이는 몸을 잘 씻을 수 없는 등 교화소 내 이, 벼룩, 모기 등으로 인해 위생시설 및 거주시설이 열악하여 발생한 것으로 알 수 있다. 하지만, 교화소 내에서 이러한 질병이 발생하였을 때 이에 대해 적절한 치료는 없었던 것으로 나타나고 있다. 그렇기 때문에 질병에 걸린 많은 사람들이 사망하거나 질병에 걸린 체 방치되고 있는 경우도 발생하고 있다. 또한, 구술 내용을 통해 정신적인 질병도 발생하고 있는 것으로 보이는데 이는 교화소 내에서 구금자들을 사람으로 취급하지 않는 이유가 가장 큰 것으로 파악된다.

나. 의료 시설 및 전문 의료진

함흥교화소 본소 의료시설 및 의료진에 대한 구술 내용을 살펴보면 다음과 같다.

함흥교화소 본소에 구금되어 있었던 구술자4(1999.11~2005.9)는 함흥교화소 본소의 의료시설 및 의료진에 대해 자세히 구술하였는데

---

[36] 구술자23(2008~2011.2)

의사는 지도원이었으나 위생지도원은 구금자들이었다고 하였다. 교화소 병원에서 맹장 같은 간단한 수술은 치료가 되었다고 구술하였다. 의약품의 경우 마이신, 페닉, 포도당, 모르핀 등의 약은 교화국에서 내려왔다고 하였다. 위생지도원들이 주사를 놓고, 약초(아편, 미나리, 우엉 등)를 관리하였다고 하였다. 설사 혹은 대장염에 걸린 환자들에게 아편을 끓인 물이 제공되었다고 하였다. 병원의 규모는 병원이라고 할 수 없을 정도로 작았고, 혈관에 주사를 마음대로 놓을 수 있는 등 병원이라기보다는 '인체실험장'같았다고 하였다.

> 교화소에서는 주사 놓고 혈관 찌르고 마음대로 할 수 있으니 주사 놓는 건 할 수 있어요. 거기는 인체실험장이나 같으니 막 찔러보고. …. 교화소 병원에서 수술은 맹장 수술 같이 간단한건 다 해요. 교화국에서 내려 보내는 약, 마이신, 페닉, 포도당, 모르핀, 아드로핀, 아날긴 등이 내려와요. 구금자들이 아프면 검진하는데, 의사는 지도원이고 그 밑에 구금자들이 위생원으로 있어요. … 약초(아편) 관리 했어요. 약초에는 아편이랑 미나리, 우엉 등 관리했어요. 지도원들이 보는 앞에서 수확해서 창고 같은데 넣어요. 아편은 가마에다 다 넣고 끓여요. 아편을 끓인 그 물을 퍼서 환자들에게 공급해요. 그게 약이에요. 설사할 때, 대장염 걸리면 전부 그 물을 줘요.37)

하지만, 비슷한 시기에 구금되어 있었던 구술자3(1999.4~2005)은 구술자4(1999.11~2005.9)의 구술 내용과는 반대로 당시 질병에 걸리면 약을 준다고 구술 하였으나, 교화소 내에서 약이 없었기 때문에 받지 못하였다고 하였다. 그렇기 때문에 면회로 약이 들어오는 경우 약을 먹을 수 있었다고 구술하였다.

> 아프면 약은 원래 준다고 그러는데 줄 약이 어디 있어야 주지, 그래 면회로 약이 들어오면 얻어먹고 그렇단 말입니다.38)

---

37) 구술자4(1999.11~2005.9)
38) 구술자3(1999.4~2005)

구술자9(2002.4~2003.2)는 함흥교화소 구금 당시 의사는 1명이었고 교화생 2명은 간호사로 있었다고 하였다. 약이 없었기 때문에 약초를 캐 와서 치료를 한다고 하였다. 교화소 내에서 옴에 걸렸을 때 치료받은 치료 방법을 구술하였는데 비닐로 막을 만든 후 그 안에 유황가루를 놓으면 안에 들어가서 유황가루를 쐬었다고 하였다. 또한, 교화소에서 치료가 어려운 교화생이 발생하는 경우 병보로 내보냈다고 구술하였다.

> 의사 1명, 죄수 중 2명을 간호사로 썼다. 특별한 약품은 없었고 주로 약초를 캐다가 아픈 곳이 있으면 치료해주었다. 교화소에서 "옴"이 전염된 적이 있었는데 유황으로 치료하였다. 비닐방막을 온 몸에 쓴 다음 얼굴만 밖으로 내어 놓고 있고, 비닐방막 안에 유황가루를 쐬게 하여 치료하였다. 만약 치료하기 어려운 구금자가 있으면 병보로 나가게 하였다.[39]

함흥교화소 성원리분소 내 의료실태에 대하여 의약품 및 의료진에 대해 공통된 구술 내용이 나타나고 있으나, 병방 유무는 차이점이 있는 것으로 보인다.

1998년부터 2002년까지 성원리분소에 구금되어 있었던 구술자1(1998.12~2002.4)은 당시 군의 1명과 의사출신이나 경제범으로 구금된 위생원이 1명 있었다고 하였으나 병방은 없었다고 구술하였다. 또한, 교화소 내 환자들의 치료가 제대로 이루어 지지 않았는데 예를 들면 동상에 걸린 구금자의 경우 적당한 치료방법 및 의료도구가 없어 일반 톱을 사용해 동상에 걸린 발을 절단하기도 하였다고 하였다.

> 병원은 없었고 군의 1명에 구금자 중 의사출신 위생원을 1명 뽑았다. 위생원은 경제범으로 15년을 받았다고 하였다. 일을 하다가 동상에 많이 걸렸는데, 딱히 치료할 방법이 없기 때문에 발가락이 썩으면 자르기도 했다. 썩은 발가락은 의료도구가 아닌 일반 톱을 사용해서 잘랐

---

39) 구술자9(2002.4~2003.2)

다. 파라티푸스에 걸린 사람도 있었다. 하도 죽어나가는 사람을 많이 보다보니 죽는 사람을 보는 것도 무섭지가 않았다.[40]

하지만, 위의 구술 내용과 반대로, 이후에 함흥교화소 성원리분소에 구금되어 있었던 구술자의 구술 내용을 살펴보면 병방이 있었던 것으로 보인다. 2001년부터 2003년까지 함흥교화소 성원리분소에 구금되어 있었던 구술자8(2001.5~2003.1)의 구술 내용을 살펴보면 성원리분소에는 따로 병방이 있었는데 몸이 아프거나 허약자들을 치료하는 공간이라고 하였다. 하지만, 허약자들에게 따로 제공되는 약은 없었고 식사를 다른 구금자들 보다 한 끼 많은 네 끼를 받는다고 구술하였다.

> 몸이 아프면 병방대라는 게 있소. 여기서 허약자들을 치료해주고, 우리가 세 끼라면 갸들은 네 끼씩 받는단 말이오. 몸이 좀 회복 되게 하느라. 성원리 안에 병방이 따로 있소. 약을 따로 먹는 건 없소. 아프면 병방에 입원 시키오.[41]

2005년부터 2007년 함흥교화소 성원리분소에 구금되어 있었던 구술자19(2005.12~2007.11)는 성원리분소의 의료 인력에 대해 자세히 구술하였는데 구술 내용을 살펴보면 다음과 같다.

성원리분소 병방 내 의료진은 군의 한 명과 위생원 한 명으로 구성되어 있었다. 의료시설은 입원실 병방과 치료실이 있었으나 모든 치료 및 진료는 치료실이 아닌 병방에서 이루어졌다고 구술하였다. 병방 크기는 대략 5평 정도로 사람이 10명 정도 수용이 가능한 크기였다고 한다.

의료 기구는 혈압기, 청진기, 키랑 몸무게를 측정할 수 있는 기구, 체온계만 가지고 있었고 약품의 경우, 소독 솜, 식염수, 소독제, 해열제, 아스피린이 있었다고 한다. 소독제는 본소에서 제조된 약품이

---

40) 구술자1(1998.12~2002.4)
41) 구술자8(2001.5~2003.1)

었고 식염수는 성원리분소에서 자체적으로 소금을 가지고 제조하였다고 구술하였다. 해열제와 아스피린은 소량 공급되어 우선적으로 보안원들이 사용하여 구금자들은 사용할 수 없었다고 하였다. 부족한 약은 구금자들이 면회를 통해 공급하였는데 면회에서 약을 받는 구금자들에게는 '휴역'을 시켜주는 조건이 있었다고 구술하였다. 소독 솜의 경우는 재활용해서 삶은 후 다시 사용한다고 하였다.

위생병의 교화소 내 역할을 살펴보면, 오전에 체온계를 가지고 '검병'을 하는데 열이 있는 사람은 휴역을 주기도 하였다고 한다. 그리고 10일 마다 군의와 호실을 다니면서 '허약자 검사'를 진행하는데 3도 허약자로 분류되면 쌀 겨 가루를 한 달에 다섯 번 정도 3~5숟가락 정도 추가적으로 제공이 된다고 하였다. 2도 허약자의 상태를 묘사하면 목뒤에 홈이 지고 엉덩이가 벌어져 항문이 보이고 3도 허약자의 경우는 머리카락이 다 빠지고 주먹이 들어갈 정도로 엉덩이 사이가 벌어지고 냄새가 많이 난다고 구술하였다. 3도 허약은 거의 사망 직전의 상태라고 묘사하였다.

치료 과정을 살펴보면, 하루 오전, 오후 각 1번 환자들을 한 반에 모아놓고 치료를 하였는데 약이 부족하였기 때문에 주로 수기 치료, 침 치료 등 한방치료 위주로 진행되었다고 구술하였다.

함흥교화소 본소 내에도 병방이 있었고, 본소 내 의료진은 총 4명으로 병방 원장, 내과의사, 외과의사 등으로 구성되어있었다고 하였다. 또한, 본소에는 약국장도 있었다고 구술하였다.

> 병방은 영광군에도 성원리에도 하나 있고 본소에도 하나씩 있었어요. 본소 병방에 원장이 있고, 내과, 외과 등 의사 네 명이 있어요. 본소에는 약국장도 있었어요. 거기 일하는 선생이 하나 있었어요. 성원리 병방에는 군의가 하나 있고, 위생원이 한 명 씩 있어요. 시설은 입원실 병방이 하나 있고요. 옆방에 치료실이 하나 있어요. 거기서는 군의가 있는 거예요. 거기서는 치료를 안 해요. 모든 것은 입원실에서 이루어져요. 입원실은 방이 있고 불 때는 부엌이 붙어 있어요. 크기는 빼곡히 누워서 한 열사람 들어갈 정도, 한 다섯 평 남짓 되요. 기계는 혈압기, 청진

기가 하나 있어요. 키랑 몸무게 재는 거 하나 있고, 소독 솜이 있어요. 그게 다에요. 약은 식염수랑 소독제(본소에서 만들어서 올려다줘요). …. 1년에 두 번씩 모든 구금자들이 먹을 수 있는 싼또닌이라고 줘요. 그걸 끓여서 한 국자씩 나눠줘요. 해열제, 아스피린이 조금 공급되는데, 보안원들이 달라고 해도 주기 힘들 정도로 공급 되요. 죄수들은 구경도 못하죠. 약은 어떻게 충족하는가 하면 면회 오면 면회자들한테 말해요. 면회품으로 들여오게 해요. 교화지도원이 그걸 분류해서 병방에다가 보내요. 그러면 그것을 병방에서 써요. 그런데 면회로 그렇게 충족하기가 힘들지요. 면회자들 데려다가 사업을 했어요. 약을 좀 많이 들여와 달라, 그러면 며칠 휴역 시켜주겠다 해서 그런 사업들을 좀 했어요. 체온기가 없어요. 수은 체온기를 써요. 그건 깨지면 못쓰잖아요. 그걸 부주의로 깨어 놓게 되면 밥을 반의반도 안줘요. 그렇게 체온계가 다시 올 때 까지 그 양의 밥을 먹습니다. 거기서는 체온기가 참 중요하죠. 그게 없으면 누가 아픈지를 검사를 못하니까. 가끔 면회로 체온기가 들어오는데 그건 교화지도원이 먼저 챙겨요. ….

아침에 일어나면 검병을 해요. 환자들이 있는지 돌아봐요. 각 호실마다 아픈 사람 나와라하면 사람들이 나와요. 그러면 체온기를 끼워보고 열이 있으면 휴역을 시켜요. 환자들을 어느 한 반에 집결시켜놓고 오전(9-10)에 한번, 오후(2-3)에 한번 가서 치료해줘요. 치료라고 해도 약이 없으니까 동의치료를 많이 했어요. 수기 치료, 침 치료, 약이 없으면 안정시키는 것도 많이 해줬어요. …. 10일에 한 번씩 호실마다 군의랑 같이 다니면서 허약자 검사를 해요. 2도 허약자는 목뒤에 홈이 지고, 엉치가 딱 붙어야하는데 벌어져 있어 항문이 보여요. 3도 허약자는 머리카락이 다 빠지고 머리털이 자라지도 못하고 뽀송하게 나와 있어요. 가슴이라는 것은 없고, 엉치 항문에 주먹이 들어가요. 냄새도 많이 나요. 3도 허약은 사망 직전이라고 봐야 해요. 3도에서 2도로 가는 것은 거의 없다고 봐야 해요. 회복을 못하니까. 그냥 죽을 때까지 기다리는 것과 같아요. 허약 검사를 마치면 다른 처방도 없이 분류만해서 따로 두는 게 다에요. 3도 허약자들한테는 쌀겨 가루를 한 달에 한 다섯 번 정도 한 번 줄때 세 숟갈, 다섯 숟갈 정도 줘요. 그것도 맛있다고 먹어요. 실제로도 영양가가 조금은 있고 맛이 괜찮아요.

…허약자들은 육체적 허약도 많지만 정신적인 허약도 많아요. 정신적

으로 타락하는 거죠. …. 교화소에서 허약자들은 사람취급을 안 해요. …. 오염구역에서 사니까 피부병 환자가 많아요. 이도 되게 많아요. 여름에는 모기 성화가 있지, 빈대도 있지 말도 못해요. 특히 힘든 것은 이에요. 저는 한 주일에 한번 씩 씻었는데 그건 최상급인거예요. 그러다보니 피부병 환자가 많아요. …. 고름이 나오면 소금물을 붙여주면 그 거즈를 다시 빨아서 갖다 줘야 다시 치료 받을 수 있다고 얘기하면 그 사람들은 비누도 없고 그렇잖아요. 그러면 그 거즈를 그대로 갖고 오거나 물에 그냥 씻어도 고름이 그대로 있어요.[42]

동중리분소 내 의료시설 및 의료진 실태에 대한 구술 내용을 살펴보면 공통적으로 교화소에서 제공되는 약은 없었고 열악한 치료시설을 보유하고 있었다는 내용을 아래 구술 내용에서 확인 할 수 있다.

2007년부터 2009년까지 동중리분소에 구금되어 있었던 구술자 20(2007.2~2009.12)은 교화소 내에서 약은 구비하고 있었으나 제공 조건은 병이 심하거나 죽을 것 같다고 판단되면 그때 약이 제공된다고 하였다. 교화소 내에 있던 약은 2가지 방법을 통해 약을 구하였는데 첫째는, 국가에서 제공받은 것이 아닌, 교화소에서 자체 작업을 통해 번 돈으로 중국 약을 구입을 하는 것이라고 구술하였다. 둘째는, 면회객이 집에서 가져온 약을 빼앗아 선생이 가지고 있다가 아픈 사람이 나오면 그 사람한테 제공이 되었다고 하였다.

열병이 오는 경우 예방주사를 맞았다고 구술하였는데 원칙적으로는 봄에 한 번, 가을에 한 번 1년에 2번을 맞아야 하였으나 의사가 오지 않으면 1년에 한 번 맞는 경우도 있었다고 하였다.

교화소 내 치료소 및 의료진에 대한 구술 내용을 살펴보면 2008년 동중리분소의 새로운 시설로 이전하기 전에는 교화소 내에 치료소 및 의료진이 없었다고 하였다. 그렇기 때문에 심각한 상태의 환자가 발생하면 본소에서 선생이 올라와서 진단을 한 후 심각한 경우 본소로 데리고 가서 치료를 해준다고 하였다. 환자들을 위한 병실은

---

42) 구술자19(2005.12~2007.11)

따로 없고 같은 방에 같이 있었다고 하였다. 병 상태가 심각한 수준이 되면 데리고 간다고 하였다.

　의료진의 경우 2008년 동중리에 새로 지은 교화소시설로 옮겨가기 전에는 없었으나, 새로 지은 시설에는 의사 2명과 간호장이 있었다고 구술하였다. 하지만, 새로 지은 교화소 시설에서도 병실은 없었다고 하였다.

> 새로운 곳에는 치료소는 있었어요. …. 기본 치료는 본소에 있어요. 허약자들도 다 정 심하면 데려다 놓고 조금 나으면 다시 왔어요. …. 병이 심각해지면 본소로 내려가는데 그 안에서 간이 아파서 밥도 못 먹고 그러면 내려가는 경우도 있었어요. 그 본소에서 선생이 올라와요. 함흥으로 환자들이 생겼다고 전화를 하면 선생들이 화물차를 타고 올라왔어요. 의무 선생이 진단을 보고 심하면 데리고 갔어요. 그래서 본소에 환자병실 거기에 놓고 잘 먹인다고 했어요.
> 동중리에는 치료약이 있었어요. 처음에 병이 약할 때는 약을 절대 안 줘요. 심하다고 할 때 줬어요. 죽어갈 때 약을 줬어요.
> 너무 늦었어요. 약은 무슨 주사를 한 대 놓고 선생이 2~3일 먹을 약을 줬어요. 그 약도 보니까 국가에서 나오는 약이 아니었어요. 중국약이었어요. 나는 내부적으로 우리가 사금을 캐서 그거를 팔아서 자체 내로 식량 비를 내고, 그 돈을 해서 사오는 거 같았어요. ….
> 우리한테 예방주사는 놓는데 약은 안줬어요. 열병이 온다고 몽당 주사를 놔줬어요. 1년에 그저 봄에 한번 놓고 가을에 한번 놓는데, 선생들이 올라 안 오면 1년에 한번 놔줬어요. 그리고 반장하고 사업을 해서 정말 심한 사람은 반장이 약을 가지고 있다가 선생이 설사하는 사람한테 약을 주라고 하면 약을 줬어요. 딱 하루 먹을 거를 줬어요. ….
> 설사약은 집에서 들어온 것도 있고. 집에서 들어온 거는 다 빼앗았어요. 이 사람이 자살할 기회가 있으니까. 힘들면 먹고 죽을 까봐. 면회로 받은 약은 다 빼앗아요. 그거는 선생이 다 건사해요. 그래서 선생 말을 잘 들어야해요. 그런데 선생이 약 가지고 들어오면 가져가서 다른 아픈 사람한테 줬어요.
> 새로 간 곳에서는 의사가 2명 있었어요. 하나는 간호장선생이 있고, 그 선생은 군관이었어요. 시집갔어요. 그리고 처녀선생 한명 2명이 올라왔

어요. 그리고 정 심하면 데리고 나갔어요. 심하면 링겔을 맞았어요.
병실은 없었어요. 자기 감방 안에서 있었어요. 위생원은 안 뽑았어요.[43]

2008년부터 2011년까지 구금되어 있었던 구술자23(2008~2011.2)은 허약환자용으로 중앙당에서 포도당 주사가 제공되었는데 사용 조건은 허약 3도에게만 사용되었다고 하였다. 허약 '도' 기준을 살펴보면 1도는 엉덩이 사이에 손을 펴서 나오는 경우, 2도는 주먹 하나가 들어갔다 나오는 경우, 3도는 주먹 두 개가 들어갔다 나올 수 있는 수준이라고 하였다.

중앙당에서 내려오는 포도당 주사가 있는데 허약3도만 줘요.
엉치에 주먹 두 개가 들어갔다 나오면 3도, 하나면 2도, 손 펴서 나오면 1도에요.[44]

동중리분소에 2009~2012년 구금되어 있었던 구술자27(2009~2012)은 약을 포함한 의료물품은 자체적으로 교화소 내에서 생산을 하거나 면회를 통해 받는다고 하였다. 면회로 약이 들어오면 약을 받은 사람만 사용하는 것이 아니라 다른 구금자들과 나눠서 사용해야 했다고 하였다. 구술자도 당시 면회에서 페니실린 5개를 받았으나, 선생이 가져갔었다고 구술하였다. 교화소 내에서 생산되던 의료물품은 식염수와 내복약으로 자체적으로 제조한 식염수로 주사를 놓는 경우도 있었다고 하였다. 또한, 의료진의 경우 의사가 구금자로 들어오게 되면 1개의 의료 과를 만들어서 운영된다고 구술하였다.

치료는 옴이 났을 때는 면회 오는 대로 약이 오면은 같이 바르라고 나눠줘요. 정 한심한 거는 남의 페니실린으로 준다는 거에요. 나도 5대가 들어왔는데, 선생들이 빼돌리더라고요. 열병 앓고 하면 본소에서 머리 좋은 사람이 있잖아요. 의사질 하는 사람이 왔다하면, 한 개 의

---

43) 구술자20(2007.2~2009.12)
44) 구술자23(2008~2011.2)

료과를 만든다고요. 자체로 식염수랑 만들어요. 그 안에서 주사를 놔
줘요. 내복약이랑 자체로 생산해서, 식염수 자체로 만들어서 놔주더라
고요.[45]

함흥교화소 본·분소들의 의료시설 및 의료진에 대한 구술자들의 구
술 내용을 살펴보면 약간의 차이를 보이고 있으나 전반적으로 일치
된 내용을 보이고 있다. 구술 내용의 차이가 나타나고 있는 원인으
로는 성원리분소 및 동중리분소의 경우 시설이 새롭게 개소되는 과
정에서 시설이 미비하였기 때문으로 나타났다. 그렇기 때문에 시기
별로 성원리분소 및 동중리분소가 시설을 갖추는 과정에서 구술자별
로 의료시설 및 의료진에 대한 구술 내용이 다른 것으로 볼 수 있
다. 또한, 전반적으로 교화생 인원 증가 및 경제악화 등 여러 이유로
인해 시기별로 교화생들 간의 구술 내용에 차이가 있음을 알 수 있
다. 이러한 점을 감안하여 구술 내용을 통해 함흥교화소 본·분소 의
료시설 및 의료진에 대한 구술 내용을 종합해 보면 다음과 같다.

첫째, 의약품 및 의료기구에 대한 구술 내용을 통해 전반적으로
본·분소 모두 제공이 미비하여 부족한 상태였음을 파악할 수 있다.
교화소 내에 있었던 약품을 '마이신, 페닉, 포도당, 모르핀, 식염수,
해열제, 아스피린,'등의 약품으로 교화국, 본소, 직접 구매 혹은 면회
를 통해 보유하고 있었던 것으로 확인된다. 하지만, 교화국, 본소,
및 직접 구매를 통해 확보한 약품은 소량으로 대부분 면회를 통해
받고 있는 것으로 파악된다. 면회로 다수의 약을 확보하기 위해서
교화소에서 구금자들에게 휴역을 시키는 등 혜택을 제공하는 것으로
알려져 있다. 면회를 통해 받은 약은 구금자 자신이 관리하는 것이
아니라 담당보안원이 가져가 다른 사람들에게 제공하는 것으로 확인
된다. 그렇기 때문에 정작 자신이 아파 약을 받았음에도 쓰지 못하
는 경우도 나타났다. 하지만, 이러한 방법을 통해 충분한 약품을 확

---

[45] 구술자27(2009~2012)

보하지 못해 병에 걸려 심각한 건강상태이거나, 죽을 것 같은 혹은 허약 3도 판정받은 사람들에게만 약을 제공하고 있어 대부분의 구금자들은 교화소 내에서 제공되는 약이 없었다고 구술한 사람들이 대다수로 나타나고 있다. 부족한 약품을 대체하기 위해 약초 등이 대신 활용되기도 하였음을 알 수 있다. 의료기구의 경우 혈압기, 청진기, 체온계, 키와 몸무게를 잴 수 있는 기구 등 충분한 기구를 보유하고 있지 않아 적절한 치료를 받지 못하는 경우가 많이 발생하고 있음을 알 수 있다. 예를 들면 동상에 걸렸던 환자의 경우 적절한 의료 도구가 없어 일반 톱으로 절단한 사례도 있었고, 수기 치료, 침 치료 등 한방치료 위주로 진행되었다고 하였다.

둘째, 의료진은 본소와 2개의 분소 모두 의료진이 있었던 것으로 확인이 된다. 함흥교화소 본소에는 의료진이 병방원장, 내과의사와 외과의사 등 총 4명으로 구성되어 있었던 것으로 파악된다. 성원리분소에는 군의 1명과 위생원 1명이 있었는데 위생원은 구금자중 의료관련 경험이 있는 사람이 선발되고 있는 것으로 나타난다. 하지만, 동중리분소 내 의료진에 대해서는 구술자마다 구금시기별로 차이를 보이고 있다. 2006~2009년부터 구금되어 있었던 구술자의 내용을 살펴보면, 2008년 이전에는 분소 내 의료진이 없었기 때문에 본소에서 의료진이 와서 진찰을 한 후 심각한 수준인 경우 본소로 데리고 가서 치료를 하였다고 한다. 2008년부터 새로 지은 동중리분소로 옮겨가면서부터 의사 2명과 간호장 혹은 군의 1명과 구금자 1명이 의료진으로 있었던 것으로 나타나고 있다. 혹은, 2008년 이후 동중리분소에 구금경험이 있던 구술자의 구술 내용을 통해, 당시 의사가 교화소에 구금되면 그 때 의료 과가 만들어 졌다는 내용을 통해 동중리분소에는 구금자들도 의료진으로 있었다는 사실을 알 수 있다.

이렇듯 의료진이 교화소 내에 상주하고 있지 않았다는 구술 내용도 있었지만 대체적으로 함흥교화소 본소와 성원리분소에는 항시 의료진이 있었음을 확인 할 수 있으나 동중리분소의 경우 교화소 시설 및 교화생 내 변화에 영향을 받아 시기별로 의료진 상주여부에 차이를 보이고 있음을 알 수 있다.
 셋째, 교화소 내 병방의 유무인데 본·분소 별로 차이를 보이고 있다. 함경남도 본소와 성원리분소는 병방이 있어 허약 환자 및 병에 걸린 교화생들은 병방으로 옮겨졌던 것으로 파악된다. 하지만 동중리분소의 경우 2008년 시설 이전 및 이후에도 교화소 내 병방이 없어 머물고 있던 방에 환자 및 아픈 사람을 그대로 두거나 심각한 경우에만 본소로 보냈던 것으로 파악된다. 또한, 동중리분소에서는 병방이 없었기 때문에 치료가 어려운 구금자의 경우 병보로 내보내는 경우도 있었던 것으로 확인된다.

III. 운영체계 및 실태

1. 입·출소 절차

가. 입소절차: 신체검사 및 몸수색

함흥교화소에서 입소 당시 행해진 신체검사 및 몸수색에 관련된 내용은 다음과 같다.

우선 신체검사에 대한 구술 내용을 살펴보면 신체검사에서 주로 허약 상태를 확인 후 교화소 입소 여부를 결정한다고 하였다.

2008~2010년 구금되어 있었던 구술자22(2008~2010)는 교화소에 도착하여 신체검사를 받은 당시 심한 허약 상태였던 이유로 교화소에서 받지 않으려고 하자 구술자를 호송해 갔던 계호원이 담배를 주면서 구술자가 교화소에 입소할 수 있게 하였다고 구술하였다.

> 계호들이 우리를 호송해 들어간단 말입니다. 교화소 가면 신체검사를 합니다. 그런데 내가 너무 허약하니까 교화소에서 받지 않으려 했어요. 그러니까 북한에서 고양이 담배 비싼 건데 그런 담배 두어 대를 주면서 나를 받게 했어요.[46]

2009~2010년 함흥교화소에 구금되어 있었던 구술자28(2009.10~2010.12)은 입소 당시 건강상태는 허약이 와서 좋지 않았기 때문에 이에 대해 교화소에서는 구금 당시 살아갈 수 있는지 여부에 대해 질문을 하였다고 구술하였다.

> 2009년 10월 18일 함흥으로 출발해서 19일에 함흥교화소에 도착했어요. 교화소에서 몸상태를 먼저 봐요. 너무 시들시들하고 핏기도 없어 허약이 들어서 앓는 몸이 됐으니 살아갈 수 있는가 묻길래 제가 그랬

---

46) 구술자22(2008~2010)

어요. 다시 돌아가도 병보로 못 나갈 바에야 그냥 하겠습니다. 그랬더니 이 몸으로 한, 두 달도 못 견디고 저 세상 갈 거다 곰곰이 생각해 봐라 하더라구요. 병보는 안전부소장 허락이 있어야 가능한데 어차피 안될 거 같아서 할 수 있다고 했어요.[47)]

교화소 입소 당시 신체검사와 함께 몸수색을 실시한다고 하는 것으로 나타났다. 몸수색에 대한 관련 구술 내용을 살펴보면, 몸수색에서 발견된 물품 등은 압수되었던 것으로 보인다. 구술자4(1999.11~2005.9)는 몸수색 당시 몸에서 나온 시계, 허리띠 등 몸에서 나온 것은 다 빼앗겼다고 하였다. 압수된 물품은 주로 교화소 선생들이 가져가 사용한다고 구술하였다.

교화소 들어갈 때는 몸수색하고 허리띠, 일체 몸에서 나오는 건 다 빼앗아요. 휴지 조각 빼고는 시계고 뭐이고 티셔츠도 다 빼앗았어요. 영치품이라고 말은 그렇게 하는데, 나갈 때 돌려주는 게 어디 있어요. 말은 그렇게 해요. 나갈 때는 먼저 나가는 아가 다 입고 나갔다 그래 없어졌다 그러는데 그런게 어디 있어요. 자기들이 다 가져요. 여자들 옷, 티셔츠로는 자기들 방석도 만들고 그래요.[48)]

구술자8(2001.5~2003.1)은 옷을 다 벗기고 몸수색을 하였으나 구술자8의 경우는 구류장에서 오랜 기간 구금되어 왔기 때문에 심하게는 하지 않았다고 하였다. 가지고 있던 물건들은 전부 회수되었다가 출소될 때 돌려받았다고 구술하였다.

몸수색? 거기서 합디다. 옷은 다 벗고 하는데, 구류장에서 다 오래 있다 왔기 때문에 심하지 않게 합디다. 물건은 다 회수해 가고. 공민증은 감옥에 들어가기 전에, 예심 다 끝난 다음에 공민증 다 박탈했소. 나는 그저 감옥 가는 거 알았기 때문에 알았지. 너는 몇 조 몇 항에

---

47) 구술자28(2009.10~2010.12)
48) 구술자4(1999.11~2005.9)

의해 감옥가기 때문에 사람이 아니다, 명수에 들어가지 않는다 그런단 말이오. 공민증 내지 않아도 상실 되지. …. 교화소에서 나올 때에는 공민증 재발급 받지. …. 출소 후 어찌 될지 교육을 받는 다는 게 없소. …. 옷 같은 거는 나간다고 하면, 그러면 옷이랑 신발이랑 맡겨 놓았던 것을 다 가져온단 말이오. 다 받소. 잃어버린 건 없었소.[49]

함흥교화소 입소 당시 신체검사와 몸수색이 행해지고 있음을 알 수 있다. 입소 당시 신체검사는 허약자 등 건강이 좋지 않은 사람의 입소를 방지하기 위해서 신체검사 시행 후 건강상태에 따라 구금자들의 입소여부를 결정하는 것으로 파악된다. 하지만 검사 후 건강상태가 좋지 않은 사람들의 입소 승인을 하지 말아야 함에도 불구하고 받고 있는 것으로 확인된다. 또한, 이러한 과정에서 건강상태가 좋지 않은 상태의 구금자들을 입소를 위해 뇌물이 오고가는 등 불법적인 방법으로 입소가 진행되고 있음을 알 수 있다.

교화소 구금자들은 입소 전 보위부 및 보안서 구류장이나 단련대, 집결소 등에서 상당 기간 구금을 당한 상태이기 때문에 교화소 구금이 거부될 경우 석방되는 것이 아니라 앞전 구금시설로 되돌려 보내는 것이기 때문에 이들은 교화소에 머물기를 원하고 있다. 왜냐하면 몸이 회복되어도 다시 교화소에 입소해서 형기를 마쳐야 하기 때문이다.

몸수색의 경우 일반적으로 옷을 벗고 진행이 되는데 소지하고 있던 물품들은 몸수색을 통해 회수되고 있는 것으로 확인 된다. 하지만 회수된 물품에 대해 다양한 내용이 나타나고 있다. 대다수 구금자들은 입소 당시 회수된 물품은 출소 이후 받는 것으로 알고 있었으나 받지 못한 것으로 파악된다. 하지만 일부 구술자는 개인 소유 물품 등을 출소 당시 돌려받은 경우도 있는 것으로 나타나 구금자 별로 차이가 있음을 알 수 있다.

---

49) 구술자8(2001.5~2003.1)

나. 출소 절차

함흥교화소의 출소 유형은 다음의 3가지로 분류할 수 있다. 첫째는 형기가 단축된 경우, 둘째는 형기를 채워 출소한 경우, 마지막으로는 형기 연장 후 출소한 경우가 있다.
첫 번째로 형기가 단축된 경우를 살펴보면 다음과 같다.
구술자4(1999.11~2005.9)는 대사령을 받아 8개월 형기단축을 받아 출소되었다고 하였다. 구술자4가 형기 단축을 받은 이유는 일을 잘해서 받을 수 있었다고 하였다. 형기 단축은 범죄 명에 따라 적용되는 부분이 다르다고 하였는데 5년 대사의 경우 절도범만 해당 가능하다고 구술하였다.

> 저도 형기단축 받았어요. 정주년 마다 대사령을 주는데, 그때 형기를 감소해줘요. 100% 적용되기는 하는데, 범죄 명에 따라 적용되는 게 달라요. 5년 대사라고 치면 절도범만 형기 감소하고 그래요. 형기 단축은 일을 잘하고, 재간을 잘하면 형기단축하고 그래요. 그래 저도 8달 정도 형기단축 받아서 나왔어요.[50]

구술자2(1998~2000.7) 역시 대사령을 받아 형기를 단축 받았으나 2000년 7월 1일 대사령을 받기 전날까지 형기 단축을 받는다는 사실을 전혀 통보 받지 못 하였다고 하였다. 당일 일을 마치고 사람들을 모이라고 해서 가 보니 대사령을 받은 사실을 알려주었다고 하였다. 하지만 구술자2는 교화소로 집에서 데리러 오는 사람이 없어서 안전부 사람이 온 7월 말까지 구금되어있었다고 구술하였다.

> 2000년 7월 00일 날 나왔지. 7월 0일날 대사 떨어졌어요. 데려갈 사람이 없어서 집에 쪽지가 가도 집에 사람이 없어서 계속 기다렸죠. …. 하나도 몰라요. 일시키니까 끝내고 모여라 해서 가니까 대사령이

---

50) 구술자4(1999.11~2005.9)

떨어졌다고 그러더라고요. 공민증은 안 줘요. 거주지에 가서 다시 신청해야 해요. 석방시키는 사람도 있고 형을 깎는 것도 있어요. 나올 때 절차는 딱히 없어요. 전날에 알려주지도 않아요. 그런 거 통보도 없어요. 일순간에 가져오고 내가고 그러죠. 아침 일어나 밥 먹고 청소하고 하니까 남은 사람은 데려가야 한다. 도 안전국에서 나가라 그래서 나왔죠. 나갈 때 사인도 안 했어요. 문 열어주면 그냥 나왔죠.51)

구술자22(2008~2010)는 당 창건기념일로 해서 만기 날짜보다 2개월 일찍 출소하게 되었다고 하였다.

> 원래 만기 날짜는 2010년 12월이었으나, 2010년 당창건기념일을 계기로 9월에 사면이 떨어져, 2달 정도 일찍인 2010년 10월에 출소하였다.52)

구술자27(2009~2012)은 당 창건일에 맞춰 대사를 받아 2년 형기 단축되어 출소하였다고 하였다. 2012년 대사 당시 형기 단축 가능하였던 구금자들의 조건을 살펴보면 도강죄로 들어온 사람 혹은 형기에서 절반 정도 시간이 지난 사람들이라고 구술하였다. 하지만 살인 혹은 마약 등의 혐의로 인한 구금자들에게는 대사를 주지 않는다고 하였다.

> 이번에 대사 주는 거는 살인이라던가, 마약이라던가 한 구금자에게는 대사를 안 줬어요. 나는 도강이니까 2년 삭감 받고 나왔어요. 나는 만기가 내년 7월이에요. 10월 10일 당 창건일날 (대사를) 했어요. 2012년은 교화소 문을 다 열어준다는데. 교화(소) 사람들 나오고 얼마나 좋겠어요. 2012년 대문이 열린다는데 우리도 다 위로해주고. (하지만 대사도) 형기에서 절반 산 사람만 줬어요. 금방 들어온 사람은 못 나온 것도 많고.53)

---

51) 구술자2(1998~2000.7)
52) 구술자22(2008~2010)
53) 구술자27(2009~2012)

두 번째로 형기를 채워 출소한 경우와 관련된 구술 내용을 살펴보면 다음과 같다.

구술자11(2002.10~2005.7)은 원래 형기에 맞춰 출소일을 알고 있었는데 출소일 보다 하루 먼저 출소하였다고 하였다.

> 나올 때는 먼저 본소에서 전문 출소지도원이라는 게 있어요. 전화로 해 주더라고. 나는 원래 나오는 날짜가 내일로 알고 있었거든요. 2006년 12월 9일로 알고 있었는데, 8일 날 이날이 일요일날인데, 일요일 아침에 항상 비서가 와서 두 시간씩 강연회를 해요. 그런데 강연회를 하는데 전화가 왔다고 해서, 너 얼른 나갈 준비하라, 그래서 점심만 대충 먹고 걸어서 나하고 그 선생하고 둘이서 본소로 갔지. 서약서 다 쓰고 그리고 만기 선생이 함흥시안전부까지 나를 넘기더라고. 회상구역안전부로요.54)

마지막으로 형이 연장되었다는 경우를 살펴보면 다음과 같다. 구술자20(2007.2~2009.12)은 2009년 00월에 출소를 하는 것이었는데 출소일이 되어도 출소가 되지 않아 알고 보니 괘씸죄로 인해 형기가 연장되었다는 것을 나중에 알게 되었고 출소일에 사람들 앞에서 자신이 죄를 지었기 때문에 구금되었다는 내용을 말하는 '만기토론'을 하였다고 구술하였다.

> 2009년도 00월 나와야 돼는 걸로 알고 있었습니다. 재판에서는 3년을 받았는데 그 후에 괘씸죄로 00일 연장된 걸 몰랐단 말입니다. 00월에 내가 나갈 때 됐는데 못 나가니까 선생에게 물어봤더니 연장됐다고 그랬습니다. 내가 어느 날인가 알려달라고 했습니다. 결국 12월에 나왔습니다. …. 출소 하는 날 알려주더란 말입니다. …. 내가 나가는 날에 3명에서 만기토론을 했습니다. 교화생활은 육체적 건강을 담보할 때만이 여기서 살아나갈 수 있습니다. 라는 제목을 달았습니다. 내가 나라 앞에 죄를 짓고 살아서 여기에 왔다 그런데 내가 다시는 범죄를 짓지

---

54) 구술자11(2002.10~2005.7)

않겠다. 정신적, 육체적 죄를 씻고 나갈 수 있었다고 그랬습니다. 여러 분들도 다 살아가기 바란다고 해서 모두들 울었습니다.[55]

출소 절차에 대한 구술자별 구술 내용을 살펴보면 다음과 같다. 구술자8(2001.5~2003.1)은 출소 당시 출소하는 사람들을 호명하여 지역별로 본소에 마련해 놓은 방에 앉혀 놓는다고 하였다. 그 후 명단에 있는 사람들은 해당 지역에서 데리러 군 안전부에서 사람이 오면 그때 출소된다고 하였다. 가까운 지역에 거주 하는 사람의 경우 빨리 나갈 수 있었지만 멀리 떨어진 지역에 거주하는 사람들의 경우 3~4일 정도 걸리는 경우도 있었다고 하였다. 군 안전부에서 온 사람에게 인계되어 해당 안전부에 도착한 후 공민증을 재발급 받은 후 다시 분주소로 이송된다고 하였다. 출소와 관련된 교육 과정은 특별히 없었다고 하였다.

> 출소 후 어찌 될지 교육을 받는 다는 게 없소. 준비라는 게 그저 나갈 사람들 이름을 다 부른단 말이오야. 그저 함북도, 함남도, 자강도, 평북도, 막 이렇게 따로따로 앉힌단 말이오. 그럼 거기서 이제 명단에 있는 사람 중에 데리러 온 사람이 있으면, 만약에 기차를 타고 온다면 함흥시내 가까운 사람은 가까이 오고, 먼 데서는 3-4일 걸리겠지. 그럼 또 기다려야 하지. 그래 데리러 오면 인계를 하지. 그럼 거기서 군 안전부에 가서 분주소로 가지. 대기할 때는 본소로 다 나오지. 본소에야 방을 또 하나 내놨습대. 그런데 우리는 그저 밖에는 못 나가 보지. 그 안에만 있지. 그 안에 다 잡혀 있지. 옷 같은 거는 나간다고 하면 옷과 신발이랑 다 가져온단 말이오. 다 받소. 잃어버린 건 없었소.[56]

구술자11(2002.10~2005.7)의 2005년 출소 당시 절차를 살펴보면 우선 출소 예정 전날 본소 전문 출소지도원의 연락을 받고 본소로 가서 서약서를 작성하였다고 하였다. 이후 만기선생이 구술자 본인

---

55) 구술자20(2007.2~2009.12)
56) 구술자8(2001.5~2003.1)

을 함경남도 함흥시 회상구역 안전부로 보낸 후 안전부에서 수속 절차를 밟고 출소증을 받았다고 하였다. 공민증을 교화소 들어갈 때 바쳤기 때문에 출소 후 한 달 내로 공민증을 재발급 받아야 했다고 구술하였다.

구술자20(2007.2~2009.12)은 2009년 12월 출소 당시 교화소 보안원이랑 북한 내 거주 지역 보안서까지 같이 왔다고 하였다. 보안원이랑 같이 왔던 이유는 구술자20을 보안서에서 확인을 시켜주어야 했기 때문이라고 구술하였다. 그리고 출소 사실이 가족들에게 통보가 된다고 하였다.

> 교화소 선생이랑 OO역까지 같이 왔어요. 그런데 보안서에서 보고하고 가겠다고 했어요. 보안서까지 데리고 왔다는 거를 보고하고, 보안서에 원래 같이 가야 했어요. 나를 확인 시켜야 하니까. 그리고 그 다음날 아침에 보호자 데리고 오라고 했는데 누가 올 사람이 없었어요. 죄인들은 사람 취급도 안했는데 살아서 왔다고 법관들이 수고했다고 했어요. 출소할 때 가족한테 통보가 갔어요.[57]

함흥교화소 출소 과정에 대한 구술 내용을 살펴보면 구술자 별로 차이를 보이고 있으나 공통점도 나타나고 있음을 알 수 있다. 하지만 출소과정에서 차이가 발생하는 이유는 교화생들의 생활 태도 및 죄명이 출소기간에 영향을 미치고 있었기 때문으로 보인다. 이러한 점을 바탕으로 함흥교화소 출소 과정에 대한 구술 내용을 종합해서 살펴보면 다음과 같다.

첫째로 출소 당시 구금 기간 변경 여부에 관한 내용으로 구술자 별로 형기 단축, 형기 연장, 형기 만기로 분류될 수 있다. 하지만 형기가 단축 혹은 연장되는 경우 당사자에게 형기 변경 사항에 대한 통보를 미리 해주지 않아 출소 당일이 되서 출소 사실을 알았다는 구술이 대부분

---

[57] 구술자20(2007.2~2009.12).

으로 출소 통보가 잘 이루어 지지 않고 있음을 확인 할 수 있다.

두 번째로 형기 변경 조건으로 형기가 단축되는 경우는 교화소 내에서 작업성과가 좋은 경우 대사를 받아 단축되는 것으로 나타나고 있는데 대사를 받고 나가는 날은 당 창건기념일 등에 맞춰 출소하는 것으로 파악된다. 또한, 추가적으로 대사를 받을 수 있던 대상은 절도범 혹은 도강자 등으로 대사 당시 구금 기간이 재판에서 받은 형기에 반은 채운 사람이었던 것으로 확인 된다. 살인 혹은 마약으로 구금된 사람들은 대사를 주지 않았던 것으로 보인다. 형기가 연장 되는 경우는 교화소 내 추가 범죄로 인해 발생하는 것으로 나타났다.

마지막으로 출소 절차를 살펴보면, 우선 성원리·동중리분소의 경우 본소로 이송된 후 출소 절차가 진행되는 것으로 알 수 있다. 이후 본소에서 서약서 등을 작성 한 후 문서 작업이 이루어지는 것으로 파악된다. 가족들에게 출소 통지가 보내진 후 가족이 교화소로 오는 경우 출소가 되는데 오지 않는 경우에는 구금자 거주 지역 안전원이 교화소로 오거나 교화소 직원이 교화생을 거주 지역 안전부로 인계하고 있는 것으로 확인 된다. 거주지역 도착 후 지역안전부에서 수속 절차를 마친 후 출소증을 받고나서야 집으로 갈 수 있는 것으로 나타났다. 또한, 교화소 입소 당시 공민증이 박탈되었던 이유로 퇴소 후 공민증 재발급 절차를 거쳐야 했던 것으로 파악된다.

2. 의·식·주 및 생활 실태

가. 의·식·주 실태

1) 의류

함흥교화소 내 의류 제공 및 착용 실태를 살펴보면, 교화소 내에서 사용된 단체복에 대한 차이가 나타나고 있다. 우선 교화소에서 단체복 혹은 동일한 의상을 착용하였다는 구술자들의 구술 내용은 다음과 같다. 구술자11(2002.10~2005.7)은 성원리분소에서는 단체복을 입었다고 구술하였다. 비슷한 시기에 성원리분소에 구금되어 있던 구술자8(2001.5~2003.1)도 당시 교화소에서 천으로 만들어진 '지하족(노동화)'이라는 신발을 제공을 받았고 은색 단체복을 입었다고 하였다.

> 단체로 은색 단체복을 입힙대. 지하족이라고 신발을 제공합단디. 그저 천 신발인데, 끈으로 다 묶지.58)

2007년부터 2009년까지 함흥교화소 동중리분소에 구금되어 있었던 구술자20(2007.2~2009.12)은 함흥교화소 입소하여 신입반에 있는 동안 교화소 생활 동안 입을 옷을 직접 만들었다고 구술하였다. 그때 만든 옷은 앞부분은 하얗고 뒷부분은 검은색으로 짝짝이로 옷을 만들었는데 이는 해당 옷을 입고 있는 사람이 교화생임을 알 수 있도록 하기 위해서라고 하였다. 교화소에서 제공되었던 의류가 있었는데 운동화 및 솜 동복이 제공되었는데 신발은 해어지면 다시 제공되지 않는다고 하였다.

> 옷은 다 준게 아니고, 뒤가 하얗고 앞이 까맣고, 그런 거를 줬는데 교화인이라고 도망쳐도 잡을 수 있게 했어요. 머리는 계속 일주일에 한 번씩 단발머리로 만들어 갔어요. 옷을 주는 게 없었어요. 신입반에서 옷을 짝짝이로 만들었어요. 교화인처럼 보이려고. 그러게 해서 들어갔는데 한해 지나니까 솜 동복을 줬어요. 뒤가 하얗고 앞이 까만 그런 거를 줬어요. 그런데 화장지가 없으니까 그 솜을 뽑아서 다 썼어요. 그래서 겨울이 되면 추워서 안에 더 입고 그랬어요. …. 신발은 줬어요. 운동화를 줬어요. 여름에. 겨울에 신는 신발은 없었어요. 운동화로 신고. 나는 밥을 주고 바꿨어요. 동화로. 그런데 내가 배고프니까 팔고 나왔어요. 신발이 낡아도 바꿔주기 않았어요.59)

---

58) 구술자8(2001.5~2003.1)

하지만, 2009년 함흥교화소 동중리분소에 구금되어 있었던 구술자 26(2009.5~2010.9)은 화려하거나 무늬 있는 옷은 입을 수 없었고 단색의 옷만 허용되었다고 하였다고 구술하였다. 또한, 신발은 운동화만 신을 수 있었다고 하였다.

> 입구에 도착해서 철대문 열고 들어가서 신입반에 들어가서 신검을 다 합니다. 단색깔 옷을 입어야 합니다. 화려하거나 무늬 있는 옷은 안 되고 신발도 운동화만 되고 다른 것은 안 됩니다.[60]

함흥교화소 내 의류 관련 구술 내용을 종합해보면, 함흥교화소에서는 단체복 혹은 구금자 모두 비슷한 옷을 입도록 규정되어 있었음을 알 수 있다. 하지만 2000년 초와 2000년 후반 함흥교화소의 의류 실태에 차이가 있는 것으로 나타났다. 2000년 초반에 구금되어 있던 구금자들은 단체복과 신발을 제공받았으나, 2000년 후반 구금되어 있던 구금자들은 자신의 의류 중 단색의 옷만 허용되거나 자신이 가지고 있던 옷으로 교화소 규정에 맞게 옷을 만들어 착용한 것으로 확인되고 있다. 예를 들면, 앞부분은 하얗고 뒷부분은 검은색으로 짝짝이로 만들어서 입었다고 하였다. 이러한 구술 내용을 통해 나타나는 공통점은 구금자들이 입은 옷을 통해 교화소 구금자들과 일반인들과의 구분하기 위해서였던 것으로 파악된다.

2) 음식물(급식)

함흥교화소에서 제공된 음식물 및 급식에 대한 구술 내용을 살펴보면 다음과 같다. 우선 본소에서 제공된 음식물에 대한 내용을 살

---

59) 구술자20(2007.2~2009.12)
60) 구술자26(2009.5~2010.9)

펴보면 구술자3(1999.4~2005)은 7cm 되는 정사각형 용기에 찍은 밥과 염장국을 준다고 하였다. 이렇게 제공 받았던 양은 부족하였던 이유로 구금 당시 하루 평균 3명씩 사망하였다고 구술하였다.

> 식사량은 밥이라는게 밥을 가다 밥으로 찍어준단 말입니다. 7센티 정도 되는 징사각형 밥에 염장국만 준단 말입니나. 그래 죽어나가는게 하루에 평균 3명 정도 죽어나갔단 말입니다. 지금도 거기는 그럴 겁니다.[61]

비슷한 시기에 구금되어 있던 구술자4(1999.11~2005.9)는 강냉이 쌀, 메주콩, 입쌀이 섞인 밥을 찍어서 한 끼에 340그램씩 양배추 껍질을 염장해서 만든 까마귀 날개국과 제공받았다고 하였다. 또한, 제공받은 식량은 양념이 전혀 안되어 있었다고 하였다. 제공받은 식량이 부족하였던 이유로 허약에 걸려 굶어죽는 사람들이 많았다고 하였다. 식량이 부족하였기 때문에 부족한 식량을 대체하기 위해 구금자들은 쥐를 잡아 삶아 먹기도 하였으나, 일부는 생으로 먹는 경우도 있었다고 구술하였다.

> 식사량은 영 작은 양은 아닌데, 한 끼에 340그램, 강냉이 쌀, 메주콩하고 혹시 입쌀이 있으면 조금씩 썩어서 가다 밥으로 찍어서 줘요. 염장국 한 그릇 주는데 염장은 양배추 껍질을 삶으면 까매져요 그래 까마귀 날개라 불러요. 양념이라는게 하나도 없으니 그 밥 한 덩이에 소금 국 한 그릇으로 어떻게 살아요. 면회 오면 그래도 집에서 면회음식 들어오니까 면식가루 펑펑이 가루라도 넣어주고 그래요. 그래도 굶어죽는 사람이 많아요. 남아있는 구금자들은 뼈에다 가죽만 남겨져있어요.
> 그래 구금자들은 쥐를 잡아서 삶아서 껍질을 벗겨먹고 그래요. 능력 없는 사람은 쥐를 생걸로 그냥 먹어요. 대체로 허약 걸린 사람들은 쥐 많이 먹어요. 쥐들은 살이 되게 좋아 그게 그렇게 맛있어요. 그래 쥐 한 마리 먹으면 일주일은 든든해요. 그래 배도 안 따고 그냥 먹고 그래요.[62]

---

61) 구술자3(1999.4~2005)
62) 구술자4(1999.11~2005.9)

구술자15(2005.4~2006.12)는 함흥교화소 본소 구금 당시 까마귀 날개 국이라고 해서 양배추 떡잎으로 만든 국을 제공받았다고 구술하였다.

이후에 구금되어 있었던 구술자22(2008~2010)는 양배추 떡잎으로 끓인 국에 펑펑이 가루를 푼 국을 식사로 받았다고 하였다. 또한, 면회 시 받은 펑펑이 가루는 전량을 받는 것이 아니라 일정 비율을 교화소, 허약반, 병반용으로 떼인다고 하였다. 하지만 이마저도 계획량을 달성하지 못하면 절반만 받는다고 하였다.

> 부식이라는 것이 양배추 밖의 떡잎을 밭에서 주어 와서 물에 끓인다. 거기 다 펑펑이 가루를 풀어 넣는다. 면회 올 때 펑펑이 가루를 가져오는데 교화반에서 몇 프로, 허약반에서 몇 프로, 병반에서 몇 프로씩을 뗀다. 실제 본인한테 오는 것은 15키로 중에서 10키로나 될까. 계획을 달성하지 못하면 절반씩 줄인다. 나는 일은 잘해서 그런 일은 없었다.[63]

구술자24(2008.5~2012.1)는 식량에 대한 규정이 있었는데 한 끼에 150그램이라고 하였다. 하지만 제공받은 강냉이는 실제로 짐승 사료로 사용되는 강냉이를 받았다고 하였다. '소금국'도 제공받았다고 하였으나 교화소에서 소금을 아까워하였기 때문에 거의 간이 안 된 맹물국을 식기에 담아주었다고 하였다. 또한, 북한의 4대 명절에는 예외적으로 흰쌀밥과 돼지고기 한 점을 교화소에서 제공하였다고 하였다.

> 먹는 거는 규정양이 있어요. 국가적으로 한 끼에 얼마큼 공급해라라는 규정양이 있는데, 한 끼에 148그램인가 150그램 미만이에요. 기준이 150그램 정도 되는데, 강냉이 있잖아요. 하루 세끼는 줘요. 그 강냉이도 실제 다 사료, 짐승 사료되는 건데, 중국 통강냉이를 우리가 먹는데, 분쇄기를 찌꺼기 버린다는 게 두부 콩, 영양단지처럼 찍어줘요. 국

---

63) 구술자22(2008~2010)

은 그냥 맨 소금국인데, 소금이 아까워가지고 약간 맹물에서 조금 간이 들어간 맹국물을 식기에 담가 줘요. 그게 다에요. 북한에 4대 명절에는 1월 1일, 김정일, 김일성 탄신일, 2월 26일, 4월 15일, 10월 10일이던지 구구절인지 잘 기억은 안나요. 그 때는 흰쌀밥을 줘요. 양은 똑같고, 돼지고기 한 점 줘요.[64]

성원리분소에서 제공되었던 음식물(급식)과 관련된 구술 내용을 살펴보면 성원리분소에 1998년부터 구금되어 있던 구술자1(1998.12~2002.4)은 종이컵만한 크기의 영양단지밥을 받았다고 하였다. 허약자의 경우 더 식량을 많이 제공받았다고 하였다. 또한, 일을 잘하는 구금자들에게는 더 많은 양을 주었다고 하였다. 식량의 내용물은 두부콩, 혹은 영양가루가 섞여 나온다고 하였는데 이는 공급되는 식량에 따라 다르게 나왔다고 구술하였다.

구술자10(2002.5~2002.12)은 '가다밥'이라고 동그란 틀에 종이컵 크기로 찍혀 나온 밥을 받았었는데, 강냉이 가루에 현미쌀, 두부콩 혹은 밀알이 섞여있었다고 하였다. 당시 배가 고픈 사람들은 뱀이나 사마귀를 잡아먹는 경우도 있는 것으로 구술하였다.

구술자16(2005.2~2005.9)은 단지 밥과 함께 절인 양배추로 만든 국을 받았다고 하였다. 또한, 불을 못 피우는 경우에는 물을 끓이지 못해 미지근한 물을 먹었다고 하였다. 운이 좋은 사람은 건더기를 먹는다고 하였지만 일부는 이조차 먹지 못하는 경우가 있었다고 하였다. 교화소의 경우 일체 소금 간을 하지 않았다고 구술하였다.

거기 교화소에 가면은요, 밥을 어떻다고 할까 딱 저 고프(컵)처럼 생겼어요. 단지밥을 줘요. 고프(컵)처럼 생긴 거로 단지로 찍어서 줘요. 물을 끓인 다음에 배추를 쓸어 넣어요. 양배추가 잎이 가에 있잖아요. 그거는 안 먹잖아요. 그것까지 다 섞어서 절여요. 절어 놓으면 아예 새까만 색이에요. 불 피우다가 못 피우면, 물이 미지근하잖아요. 미지근한 물에다가 넣어서 운이 좋은 사람은 건더기 쪽으로 먹는 거고 운

---

64) 구술자24(2008.5~2012.1)

이 없는 사람은 미지근한 물만 마시는 거죠. 맹물보다는 좀 짭쫄하잖아요. 소금이라도 먹으려고, 그 밥 먹고 밭으로 나가는 거죠. 교화소에서는 간새(간을 맞추는 양념)는 일체 안줘요.65)

구술자19(2005.12~2007.11)는 교화소 구금 당시 너무 배고파서 죽은 쥐를 발견 한 후 변을 퍼서 나를 때 사용하던 통에 담겨있던 물에 쥐를 씻어 가죽을 벗긴 후 생으로 먹은 5명의 구금자들이 있었다고 구술하였다. 쥐 한 마리를 5명이 나눠먹었다고 하였다.

그 다섯이 마당에 있었는데 변을 퍼내고 있는 거예요. 거기서 죽은 쥐가 발견이 된 거예요. 그런데 그 쥐를 꼬리를 잡고 들어 올리더니 변 퍼는 바케스에 물이 있는데 거기 쥐를 슬렁슬렁 씻어서 차고 있던 숟가락 손잡이 부분을 갈아서 쥐 껍질을 벗기고 내장을 빼고 다섯이서 생 거를 피 뚝뚝 흐르는 것을 생걸로 나눠먹었어요.66)

구술자28(2009.10~2010.12)의 경우 군대들은 먹지 않은 메주콩과 양배추 떡잎을 소금에 절인 후 만든 까마귀 국을 먹었다고 하였다. 또한, 원래는 200그램을 주는 거라고 하였으나 보통 180~190그램을 제공받았다고 하였다. 하지만 일을 못하는 경우 양을 더 줄여 160그램을 받는다고 하였다.

메주콩을 섞어서 주는데 군대들은 메주콩을 안줘요. 교화소내에 허약 걸린 사람은 머리가 까매요. 메주콩을 먹어서 그런가. 교화소에서 국을 '까마귀날개'라고 불러서 뭔가했는데, 양배추 떡잎 누렇게 된 걸 마대째로 소금넣어 뿌린 걸 까마귀날개라 하더라구요. 원래 200그램 주는 거라는데 180~90그램정도. 줄이면 160그램 정도 되는 수준이에요.67)

---

65) 구술자16(2005.2~2005.9)
66) 구술자19(2005.12~2007.11)
67) 구술자28(2009.10~2010.12)

동중리분소에서 제공되었던 음식물(급식)과 관련된 구술 내용을 살펴보면 다음과 같다. 동중리분소에 수감되어 있었던 구술자20(2007.2~2009.12)은 하루에 단지밥을 300그램씩 받아야 했으나 이보다 적은 280그램을 콩과 염장국을 함께 받았다고 하였다. 평소보다 많이 받은 적이 있었는데 이때는 본소에서 간부들이 오는 날이었다고 구술하였다. 일주일에 한번 씩 옥수수 가루로 만든 '와게빵'이 제공되었다고 하였다. 하지만, 교화소에서 주어진 재료로 음식을 많이 만들기 위해서 쌀을 잘 안 씻거나 강냉이 반죽에 물을 많이 넣는다고 하였다. 김일성 및 김정일 생일, 구구절, 당창건일, 설, 명절에는 특별음식이 제공되는데 현미 찹쌀밥과 돼지고기, 가지 삶은 것, 배추 염장 및 배추볶음이 제공되었다고 하였다.

> 단지밥을 하루에 300그람 280그람 밖에 줬어요. 왜냐하면 취사장에서 밥을 찍는데, 그거를 탕탕 두들기면 더 많이 들어가고 슬렁하게 들어가면 조금 들어가요. 간부들이 나타나면 밥을 높이 찍었어요. 간부들이 본소에서 오게 되면 아주마이가 밥을 높게 찍으라고 했어요. 그러면 오늘 또 간부들이 왔구나 했어요. ….
> 돼지고기 종이 크기만 한 거는 명절에 줬어요. 사방 3CM 정도였어요. 고기를 너무 얇게 잘랐어요. 고기는 삶아가지고 얇게 썰어서 줬어요. 선생들이 먹고 남은 거를 우리한테 줬어요.
> 기름은 없었어요. 우리는 기름대신에 콩을 밥에 넣어줬어요.
> 쌀도 씻지 않고 그냥 줬어요. 화폐개혁 이후에는 콩을 계속 줬어요. …. 평소에는 단지밥이랑 염장국을 줬어요. 일주일에 한 번씩 빵을 줬어요. 빵을 개수를 많이 뽑기 위해서 묽게 반죽을 했어요. 빵을 누르면 와게빵이 나왔어요. 그런데 무조건 산에 나무를 깎고 해서 빵을 무조건 1주일에 한번 먹였어요. 빵은 강냉이 가루로 만들었어요. 거기다 메주콩을 넣었어요.
> 명절에는 현미찹쌀을 주고. 밭 농사준거. 평일은 다 강냉이를 씻지도 않고 밥에다 앉혀서 줬어요. 왜냐하면 그 쌀뜨물이 나가는 것도 아깝다고, 개수를 많이 뽑기 위해서.
> 명절 때 반찬은 밥위에다가 가지를 삶아서 뚝뚝 잘라서 토막으로 들여

오고, 배추 염장한 거는 조금씩 주고, 그리고 배추볶은 거 그거 3가지를 주고 그리고 돼지고기 이렇게 줬어요. 명절은 김일성, 김정일, 구구절, 당창건일, 설에도 줬어요. 5번 쌀밥을 줬어요. 그래서 모두 명절오기를 기다려요.68)

구술자23(2008~2011.2)은 두부콩과 강냉이밥을 퍼서 판에 종이컵 모양으로 찍어서 나눠주었다고 하였다. 가을에는 양배추 속은 담당 보안원이 먹고 남은 양배추 껍데기로 만든 '까마귀 날개'라고 불린 양배추 국을 먹었다고 하였다. 까마귀 날개 양배추 국은 진흙땅을 파면 그 위에 비닐을 깔고 나서 양배추 겉잎에 소금을 뿌려 염장을 한 후 이를 가지고 만든 국이었는데 이 양배추가 썩으면 색이 까맣게 변해 '까마귀 날개'국이라고 하였다고 구술하였다. 2009년 하반기에는 함흥교화소에 기름이 들어와 면회가 없는 사람들에게 식사 때 한 숟갈씩 제공되었다고 하였다. 또한, 간이 나쁜 사람들에게는 솔잎을 삶은 후 말려 빻은 다음에 속도전 가루와 섞어 제공하였다고 하였다. 하지만 이마저도 턱없이 부족하였기 때문에 하나라도 더 먹기 위해서 땅에 떨어진 옥수수 알이나, 강냉이 밭을 지나갈 때 강냉이를 몰래 먹거나 무 밭에 김을 매러 갔을 때 무를 뽑아서 그대로 먹었다고 구술하였다.

> 나무 불 때니까 솔잎을 뜯어서 가마에 삶더라구요. 말려서 빻아서 간이 나쁜 사람들 속도전가루랑 섞어 먹으면 몸에 좋다고 그렇게 먹여요. 강냉이 수염 삶아서 달여서 물먹고요. 땅바닥에 떨어진 옥수수알 하나라도 먹을려고...
> 줄서서 가다가 강냉이 밭 지나가면 강냉이 하나 따다가 들키면 회초리 맞죠. 무 김 멜때도 그대로 뽑아먹어요.
> 두부콩을 곽밥 찍어서주고, 증기밥해서 다라에 강냉이밥 퍼와서 줘요. 배고프니까 닭이 먹던 음식도 먹고. 퇴비속에 강냉이 썩은 거도 골라 먹고. 하루 세끼는 먹어요. 강냉이밥 덩어리 하나씩 줘요. 밥먹을 땐

---

68) 구술자20(2007.2~2009.12)

차판에 종이컵 모양으로 찍어 나눠주구요.
  2008년 2009년 2010년 오기 반년 전부터 기름이 빵통으로 들어와서 면회없는 사람들은 밥 먹을 때 한 숟갈씩 부어줘요.
  가을엔 양배추 껍데기. 다섯미터로 파서 속은 담당선생이 반찬해먹고 나머지 바깥 껍데기 마대에 담아 날라 진흙탕파서 비닐깔고 소금뿌려서 발로 밟아 염장해서 국끓여 먹어요. 이게 썩으면 색이 까맣게 변해서 까마귀날개라고 한단말이에요.[69]

구술자27(2009~2012)은 7cm되는 크기의 밥 한 덩이를 한 끼에 받았는데 다 합치면 하루 470그램이었다고 구술하였다.

  밥 한덩이가 7cm에요. (하루에) 470g 먹어요. 밥 덩어리 찍어줘요. 영양단지처럼 찍어줘요. 개인당 한 개씩, 그거 먹고, 배는 안 고파요.[70]

함흥교화소에서 제공되는 음식물에 대한 내용을 살펴보면 1990년대부터 2010년대까지 차이가 없는 것으로 확인된다. 또한, 본소와 2개의 분소 시설별로 약간의 차이가 있지만 대체로 비슷한 경향을 보이고 있다.
우선 기본적으로 제공되는 주식인 강냉이밥의 제공 방법을 살펴보면, 7cm되는 정사각형의 용기 혹은 종이컵만한 용기에 찍어서 제공되었다고 하였다. 이러한 밥을 교화소 내에서는 '가다밥' 혹은 '단지밥'이라고 불렀던 것으로 파악된다. 또한, 구성물은 강냉이 쌀과 함께 메주콩, 입쌀, 두부콩, 현미 쌀, 밀알 등 다양한 곡물이 섞여 제공된다고 하였다. 양은 대체적으로 한 끼에 150~200그램 사이의 양을 제공받았으나 일반적으로 교화소 내에서 규정된 양보다는 적은 양을 받은 것으로 확인된다. 하지만 교화소 내에서 작업량을 못 한 구금자들은 이에 대한 처벌로 더 적은 양을 제공받고 있는 것으로

---

69) 구술자23(2008~2011.2)
70) 구술자27(2009~2012)

구술 내용을 통해 파악되고 있다.

또한, 강냉이밥 이외에 공통적으로 염장국을 제공받았던 것으로 나타났다. 이러한 염장국의 주재료는 양배추로, 만드는 방법은 양배추를 소금에 절인 다음에 국으로 만들었던 것으로 확인된다. 하지만 이때 주로 상태가 좋지 않은 양배추 겉잎만 사용해서 만들어 지는데 이러한 이유는 양배추 속은 주로 교화소 보안원들이 먹고 남은 부분만 구금자들에게 제공되었기 때문이다. 그렇기 때문에 까맣게 변한 양배추 겉잎으로 만들어진 국을 교화소 내에서는 '까마귀 날개국'이라고 불렸던 것으로 확인되고 있다.

그리고 교화소에서 제공된 음식에 대한 또 다른 특징을 살펴보면, '소금'에 대한 구술 내용이 나오는데 이를 보면 교화소 내 제공되는 음식에는 소금이 거의 사용되지 않거나 적은 양만 제공되었던 것으로 확인된다. 또한, '까매기 날개국'의 다른 명칭은 '양배추 염장국'이었음에도 불구하고 교화소 내에서 소금 사용을 줄이기 위해 거의 간이 되지 않았던 것으로 파악된다.

1월 1일, 김정일 및 김일성 생일인 2월 16일, 4월 15일, 10월 10일 혹은 구구절 등 명절인 경우에는 특별식을 제공받았던 것을 구술 내용을 통해 확인할 수 있다. 이러한 날에는, 강냉이 밥 대신 현미밥을 받고 돼지고기 한 점, 삶은 가지, 절인 배추 약간을 받는 등 평소와는 다른 특별식을 제공받았던 것으로 파악된다. 하지만, 부족한 식재료로 최대한 좋아 보이기 위해 다양한 방법이 사용되었는데 예를 들면, 명절 때 제공되는 돼지고기 한 점은 굽게 되면 크기가 줄어든다는 이유로 삶아서 제공되었던 것으로 구술 내용을 통해 알 수 있다.

이러한 구술자들의 구술 내용을 통해 확인 할 수 있는 부분은 규정보다 적은 양의 식량, 충분한 식량이 구금자들에게 제공되지 않아 교화소 내에서 식량부족으로 인해 허약에 걸려 사망자가 다수 나타나는 원인이 되었던 것으로 파악된다.

부족한 식량 문제를 대부분의 교화생들은 스스로 해결해야 했던 것으로 나타났다. 교화생들은 면회를 통해 면식품을 받는 경우도 있었지만 자체적으로 교화소 내에서 교화생들은 뱀, 쥐, 사마귀 등을 잡아먹는 경우도 있는 것으로 나타나는데 극심한 배고픔으로 인해 쥐를 생으로 먹는 경우도 있었던 것으로 나타나고 있다. 배고픔을 해결하기 위한 또 다른 방법으로는 떨어져 있는 옥수수를 먹거나 교화소 내 작업 도중 옥수수 혹은 무 등을 뽑아서 몰래 먹는 것으로 확인된다. 하지만, 구술자들 중 일부는 허약자 및 질병이 있는 구금자들에게만 추가적으로 식량이 더 제공되거나 질병에 따른 식단이 제공되는 경우도 있다고 구술하여, 교화소에서도 교화소 내에서 부족한 식량으로 인해 제기되는 문제의 심각성을 인지하고 있었던 것으로 파악된다.

함흥교화소에 구금되어 있었던 구술자들의 음식물에 대한 구술 내용을 종합적으로 살펴보면, 구술자들은 다른 시기 및 본소와 분소 등 다른 시설에 구금되어 있었음에도 불구하고 적절한 식량을 제공받지 못했다는 점에서 공통점을 보이고 있어 식량 문제가 교화소 본·분소 모두에서 지속적으로 발생하고 있었음을 알 수 있다.

3) 침구류 및 위생용품

함흥교화소 본소와 2개 분소의 침구류 및 위생용품 실태에 대한 구술 내용을 살펴보면 다음과 같다.

우선 본소의 경우, 구술자24(2008.5~2012.1)는 교화소 내 이불이 없어 입던 옷으로 이불 대신 사용하였다고 하였다. 당시, 방에는 80명이 있었으나, 이불 몇 장만 제공되었는데 이마저도 힘이 센 사람들이 가져가고 나머지는 이불 없이 생활하였다고 하였다.

> 이불은 하나도 없고. 입던 옷으로 덮고 자고. 이불은 준다고 하는데, 80명이 이불 다 없으니까, 몇 장가지고 나눠 쓰고 하라 하는데. 힘센 놈들이 덮고 자고 하면 힘 약한 놈들은 그냥 자야 되죠.[71]

성원리분소에 구금되어 있었던 구술자11(2002.10~2005.7)은 위생용품의 경우 지급이 하나도 제공되지 않았기 때문에 다른 사람들에게 빌려서 사용하였다고 하였다.

> 지급 하나도 안 돼요. 면회 잘 하는 사람한테 빌어가지고 비누나 한번 빌리고 했어요.[72]

구술자18(2006.10~2007.4)은 침구류의 경우 이불이나 모포는 하나도 제공되지 않아 스스로 구해야 하였다고 하였다.

> 이불, 모포 등은 본인이 알아서 구해다 써야 했다.[73]

동중리분소에 구금되어 있었던 구술자20(2007.2~2009.12)은 당시 얇은 천으로 된 이불이 있었으나 구금자 전부에게 제공되지는 않고 일을 잘하거나 허약자들에게만 제공되었다고 구술하였다. 또한 비누, 및 칫솔은 제공되지 않아 1주일에 혹은 2주일에 한번 목욕 및 세탁을 할 때 도둑질 하거나 식량으로 물물교환 하는 식으로 비누를 자체적으로 구해야만 했다고 하였다. 또한, 화장지는 바닥에 깔려있던 강냉이 껍질을 대신 사용하였다고 한다.

> 이불은 있었어요. 하얀 대포천을 줬어요. 솜있는 얇은 거. 그것도 다 못주고 일을 잘하거나 허약자들한테 줬어요. 비누나 칫솔은 자체였어요. …. 위생용품은 거의 없었어요. …. 자체를 안주는데 그래서 비누를 도둑질 하지. 비누를 달라고 하면 밥줄게 밥으로 바꿨어요. …. 일주일에 한 번씩 자체로 빨게 하는데 물도 아까워서 한~두 바가지가지고 머리를 감고 옷 전체 2벌을 다 빨아야 했어요. 이사 가도 또 그렇게 되었어요. 물을 길어다가 채워야 하니까. 목욕은 1주일에 한 번씩

---

71) 구술자24(2008.5~2012.1)
72) 구술자11(2002.10~2005.7)
73) 구술자18(2006.10~2007.4)

시키는데 그것도 인원이 많아서. 그저 2주일에 한번 할 때도 있었어요. 여름에는 2일에 한번 했어요. 강변도 아니고 고인 물에 우리를 거기다 넣고 구정물에서 목욕을 했어요. 그래서 어찌 몸이 안 가려웠겠어요. 다 피부가 그래가지고. 목욕을 할 때 비누는 안 줬어요. 집에서 가져온 거였어요. 화장지도 없으니까 강냉이 껍질로 화장지로 썼어요. 깔개로 깔다가 조금씩 뜯어서 썼어요.[74)]

함흥교화소 본·분소 침구류 및 위생용품에 대한 구술 내용을 살펴보면 교화소에서 제대로 공급되고 있지 않았음을 확인 할 수 있다. 침구류의 경우 일부 제공되었으나 턱없이 모자란 양만 제공되어 전 구금자들이 사용할 수 없었고, 사용할 수 있었던 사람들은 힘이 있거나, 일을 잘하거나, 허약이 온 사람들에게 우선적으로 제공되었던 것으로 파악된다. 위생용품의 경우 일체 제공되지 않았기 때문에 물품을 구하는 방법은 면회에서 물품을 받아 사용하거나, 빌려서 사용하거나, 다른 구금자들의 물품을 훔치거나 물물교환을 하였던 것으로 나타난다.

나. 생활 실태

1) 작업 일정 및 내용

함흥교화소 구금자들의 작업 내용 관련 구술 내용을 통해 하루일과를 살펴보면 다음과 같이 나타난다.

구술자1(1998.12~2002.4)은 하루 5시에 일어나서 4시간 동안 걸어서 산에 있는 작업장에 도착해서 일을 한 후 저녁 9시 30분~10시 사이에 다시 교화소로 돌아온다고 하였다. 농산반 혹은 건설반의 경

[74)] 구술자20(2007.2~2009.12)

우 화목반 보다 일찍 일을 마치고 돌아온다고 구술하였다. 1999년부터 2005년까지 본소에 구금되어 있었던 구술자4(1999.11~2005.9)는 계절별로 작업 일정이 다르다고 구술하였는데 여름은 아침 8시에 일을 시작해서 저녁 6시에 끝나고 겨울에는 아침 8시 30분에 시작해서 저녁 6시 30분까지 일을 하였다고 하였다.

> 여름은 아침 8시부터 저녁 6시까지, 겨울은 아침 8시 30분부터 저녁에는 6시 30분까지 일하고 그래요. 여름에는 날이 밝으니 자유주의 하는 놈들이 있으니 그 시간에 일해요.[75]

1998년부터 2000년까지 구금되었던 구술자2(1998~2000.7)는 작업 일과 시간은 계절마다 차이가 있었다고 하였다. 아침 6시에 기상을 하고 7시 반부터 8시까지 아침식사를 한다고 하였다. 아침 9시에 작업이 시작하여 여름인 경우 저녁 7시까지 하였으나 겨울은 깜깜해질 때까지 일을 하였다고 하였다. 점심과 저녁은 각각 12시와 저녁 6시에 먹는다고 하였다. 쉬는 시간의 경우 하루 2번 정도 있었으나, 하지만 일이 바쁜 경우에는 쉬지 않고 계속 일을 한다고 하였다. 밤에는 1시간씩 불침범을 선다고 구술하였다. 작업 내용을 계절별로 살펴보면 봄에는 김매기, 가을에는 수확을 하기도 하였고 산에 땅굴을 파거나 나무를 베었다고 하였다.

> 아침 9시부터 해서 계절마다 조금씩 달라요. 여름에는 저녁 7시까지. 겨울은 껌껌해지면 그만 해요. 휴식시간이 오전에 한 번이나 두 번 정도 있었는데 바쁠 때는 안 쉬어요. 아침 6시에 기상했다가 7시 반부터 8시에 밥 먹고 9시 부터는 일하는 거예요. 점심은 12시에 먹고 저녁은 6시에 먹고. 밤에 불침번을 서는 거예요. 1시간씩 서는 거예요. 매일해요. 감옥와서 잤다는 사람 없어요. 제정신이 아니에요. 혼이 나간 사람들이니까. 자질 않는 거예요.[76]

---

75) 구술자4(1999.11~2005.9)
76) 구술자2(1998~2000.7)

구술자7(2000.1~2005.3)은 기상시간은 오전 5시, 취침시간은 10시라고 하였으며 오전 작업은 8시~12시, 오후 작업은 1시 30분~7시 30분까지라고 하였다. 작업량이 많은 경우 정해진 작업시간을 초과해서 일을 한다고 구술하였다.

구술자8(2001.5~2003.1)은 오전 5시에 일어나서 한 시간 동안 돌을 옮기는 작업을 한다고 하였다. 이후 돌아와서 밥을 먹고 8시에 조회를 한 후 농산 작업을 한다고 하였다. 12시에 점심을 먹고 어두워질 때까지 일을 하고 돌아와서 생활총화를 30분씩 한다고 하였다.

구술자10(2002.5~2002.12)은 아침 5시에 기상하여 30분 동안은 안전원이 인원점검을 한다고 하였다. 이후 1시간 동안 위생원이 와서 소금을 주면 양치를 한 후 6시 반에 아침식사를 하였다고 한다. 식사 후 30~40분 동안 작업을 기다렸다가 작업에 나가 12시 30분까지 일을 하였다고 한다. 12시 30분부터 1시까지 점심을 먹고 나서 오후 6시에 작업이 끝나는 경우도 있었지만 담당보안원이 원하는 경우 7시까지 일을 하는 경우도 있었다고 하였다. 이후 7시 쯤 저녁을 먹고 9시부터10시 취침하기 전 까지 호상관계 및 '새출발'이라는 노동신문을 읽는다고 구술하였다. 10시에 취침을 하는데 2명씩 돌아가면서 보초를 서기도 하였다고 한다.

기상은 5시. 30분 동안 안전원이 각 호실마다 돌아다니면서 인원 점검을 하면 호실대표 반장이 "제 3반 75명 다 있습니다"라고 말한다. 앉아서 정돈하면 5시 30분 정도 되고, 그 이후부터는 함수하라고 소리친다. 위생원이 와서 소금물을 주면 양치하고 나서 밥이 나오길 멀뚱히 기다린다. 밥은 6시 30분에 먹는다. 그리고 나서 30·40분 동안 앉아서 어떤 작업이 나오는지 기다린다. 점심은 보통 12시 30분부터 1시까지 이다. 오후 6시 정도에 작업 끝난다. 담당 선생이 더 하겠다고 마음먹으면 7시까지도 한다. 날이 완전 깜깜해질 때까지는 일하지 않는다. 저녁 먹고 점검받기 전에 호상관계, 선생님이 지나갈 때는 머리를 숙이고, 번호별로 지켜야 할 일들이 있는데 그걸 읽는다. 교시 말씀 석 줄 적어놓은 것이 있다. 방막을 씌워서 본다. 죄수들을 위한 신문이 있다. "새출발"이라는 노동신문 형태의 신문이 나온다. …. 저녁 9시부터 취침 전까지.. 저녁마다 매일 한다. 가만히 앉아있으면서 들으면 된다. 저녁 10시 취침. 두 명이 교대로 보초를 서는데 한 명은 출입문에 서있고, 다른 한 명은 화장실 문 앞에 서있다.[77]

구술자12(2003.12~2005.9)는 5시에 기상해서 5시부터 7시까지 큰 돌을 밭에서 가져오는 조기작업을 하였다고 하였다. 7시에 아침식사를 하였는데 식사는 교화소가 아닌 작업장에서 먹었다고 하였다. 식사 후 7시 30분부터 12시 까지 오전 작업을 하고 12시부터 12시 30분까지 점심식사를 하였다고 한다. 오후 작업은 12시 반부터 8시까지 하였으며 8시 30분에는 저녁식사를 먹었다고 하였다. 이후 학습시간이 있어 교화소 규정을 공부하거나 김일성 김정일 교시를 외웠다고 하였다. 구술자가 교화소에서 한 작업은 주로 농장에서 돌을 옮기고 땅을 평평하게 만드는 작업을 하였다고 구술하였다.

구술자18(2006.10~2007.4)이 구술한 하루 일과 시간을 살펴보면 5시에 기상하면 인원 점검을 하고 마친 후 6시 30분에 아침식사를 한다고 하였다. 이후 7시 30분부터 12시까지 작업을 한 후 12시부터 12시 30분까지 점심식사 시간을 갖는다고 하였다. 이후 5시 30분과 6시 사이에 작업을 마친 후 교화소로 귀소하나 여름인 경우 더 늦은 시간에 귀소 한다고 하였다. 저녁 식사 시간 후 8시에는 인원 점검, 학습, 비판 시간이 이어지고 10시에 취침한다고 구술하였다.

구술자19(2005.12~2007.11)는 위생원들의 하루 일과에 대해서 자세하게 구술하였는데 내용을 살펴보면 위생원들은 소금으로 식염수를 만들었다고 하였다. 오전에는 각 호실마다 다니면서 환자들이 있는지 없는지 확인하는 검병을 하였다고 하였다. 아픈 사람을 나오라고 해서 사람이 나오면 체온계로 열을 잰 후 열이 있는 사람들은 휴역을 시켰다고 하였다. 또한, 환자들을 한 반에 모아놓은 후, 오전 9~10시 사이와 오후 2~3시 사이에 치료를 하였다고 하였다. 10일

---

77) 구술자10(2002.5~2002.12)

에 한번 씩 군의와 함께 허약자 검사를 하였다고 하였다.

> 아침에 일어나면 검병을 해요. 환자들이 있는지 돌아봐요. 각 호실마다 아픈 사람 나와라하면 사람들이 나와요. 그러면 제가 체온기를 끼워보고 열이 있으면 휴역을 시켜요. 환자들을 어느 한 반에 집결시켜 놓고 오전(9-10)에 한번, 오후(2-3)에 한번 가서 치료해줘요. …. 10일에 한 번씩 호실마다 군의랑 같이 다니면서 허약자 검사를 해요.[78]

2009년부터 2012년까지 구금되어 있었던 구술자27(2009~2012)은 오전 5시에 일어난 후 점검이 있고나서 6시부터 7시까지는 아침식사를 하였다고 한다. 7시에 다시 점검을 한 후 7시 45분에 밭으로 나가 12시까지 일을 하였으며, 12시에 다시 교화소로 돌아와 점심을 1시간 동안 먹었다고 하였다. 다시 1시에 일을 나가 여름에는 8시까지 일을 하고 겨울에는 5시까지 일을 하였다고 하였다. 겨울에 하루 일과가 빨리 마무리 되는 이유는 어두워지면 도망자가 생기는 것을 방지하기 위해서였다고 하였다. 일을 마치고 들어와서 저녁식사를 한 후 9시부터 10시까지 독보, 생활준칙, 위생준칙에 대해서 공부를 하고 10시에 마지막 점검이 있은 다음에 취침했다고 한다.

구술자28(2009.10~2010.12)의 경우 2009년부터 2010년까지 성원리분소에 구금 당시 바쁜 시기에는 5시에 기상을 하고 겨울에는 6시에 기상을 하였다고 한다. 겨울 일과를 기준으로 구술하였는데 6시에 기상하여 실뜯기 등 인원점검을 준비한다고 하였다. 이후 7시에 아침을 먹고 8시부터 11시 30분까지 오전 작업을 하였으며, 11시 반에는 시래기 등을 먹고 12시에 점심을 먹는다고 하였다. 이후 1시 30분부터 4시 30분까지 오후 작업을 마무리하고 5시 반에 교화소로 돌아와서 솜뜯기 등 다른 작업을 진행한다고 하였다. 이후 6시부터 7시까지 저녁식사를 먹었다고 구술하였다.

---

78) 구술자19(2005.12~2007.11)

바쁜 철에는 5시 기상, 겨울에는 6시에 기상하고 취침은 열시에요. 6시에 기상하고 실뜯기, 점검준비하면 점검관리지도원이 인원점검을 해요. 7시부터 아침을 먹고 8시부터 11시 30분까지 오전근무해요. 11시 30분부터 시래기를 끓여서 먹고, 12시에 배식으로 점심을 먹어요. 1시반부터 네시반까지 오후일하고 5시반에 입방, 다시 솜뜯기, 6시부터 7시 저녁이에요.[79]

구술자29(2009.5~2011.4)는 2009년~2011년 함흥교화소 구금 당시 수예반에서 일을 하였는데 당시 수예반의 일정을 살펴보면 새벽 3시~3시 30분에 일어나서 밤 11시까지 수예작업을 하였다고 한다. 아침에 일어나서 바로 작업이 시작되는데 한 명씩 돌아가면서 세수를 한다고 하였다. 또한, 아침, 점심, 저녁 식사시간의 경우 7시, 12시, 6시 30분에 있었는데 식사시간으로 10분만 주어졌다고 하였다. 작업이 마무리 되면 점검을 하고 취침을 하였다고 구술하였다. 이렇게 일정이 진행된 이유는 주로 중국에 수출량을 맞추기 위해서였다고 하였다.

수예를 중국에 파는 거였어요. 수출 시간을 맞춰야 하니까 우리를 기합을 줬어요. 계획이 높으니까 새벽 3시부터 일어나서 밤까지 앉아서 일을 했어요. 다리, 허리랑 머리가 아팠어요. 수예로 의자 팔걸이하고 등받이 깔개, 큰 의자, 작은 의자, 만들었어요. 중국에서 천이 나왔어요. 잘라서 도면 보고 만들었어요.
수예는 새벽 3시 반부터 일어나서 일하고 밤 11시까지 일을 했어요. 3시 반에 일어나서 세수 안하고 바로 일을 하게 했어요. 그 어간에 세수하고 싶은 사람들은 했어요. 겨울에는 다 찬물로 세수하고 목욕했어요. 밥 먹기 전에 한 사람, 한 사람씩 나가서 세수했어요. 7시에 밥 먹는 시간 10분주고, 12시까지 일을 하고 12시에 또 10분 밥을 먹고, 또 일을 하고 저녁 6시 반에 10분 먹고 11시에 점검하고 취침시간이었어요. 그리고 한 사람씩 돌아가면서 근무 섰어요.[80]

---

79) 구술자28(2009.10~2010.12)
80) 구술자29(2009.5~2011.4)

함흥교화소 구금자들의 하루 일과를 시간대 별로 정리하면 본·분소 별로 차이는 없으나 작업반 별로 차이가 있음을 알 수 있다. 구금자들의 하루 일과를 살펴보면 다음과 같다.

첫째, 기상시간을 살펴보면 계절별로 기상시간이 달랐다는 것을 확인 할 수 있다. 일반적으로 오전 5시에 기상을 하였다는 구술 내용이 많이 있었으나 6시에 기상한 경우도 있었던 것으로 확인된다. 또한, 겨울에는 아침 6시에 기상을 한 것으로 나타났다.

둘째, 구금자들의 작업 시작 전 일과를 살펴보면 기상 후 인원점검 및 양치를 한 후 6시부터 8시 사이에 대체적으로 아침식사를 하였고, 일부는 아침 식사 전에 교화소내에서 돌을 옮기거나 실을 뜯는 작업을 한 구술자도 있었던 것으로 파악된다. 아침 식사 전에 작업을 하였던 구금자들은 다른 구금자들에 비해 아침식사 시간이 7시 이후로 식사 전 작업이 없었다는 구금자들에 비해 아침식사가 늦게 시작했던 것으로 파악된다.

셋째, 교화소 구금자들의 작업시간을 살펴보면 점심시간을 기준으로 오전·오후 작업으로 진행되고 있음을 알 수 있다. 오전 작업은 일반적으로 오전 7시 30분~8시부터 12시~12시 30분까지 이루어지고 오후 작업은 12시 30분~1시 30분 사이에 시작해서 5시 30분~8시 사이에 마무리 된 것으로 나타나고 있다. 하지만 일부는 오후 작업은 해가 진 후 어두워지고 나서야 마무리 되는 경우도 있었던 것으로 확인된다. 또한, 작업시간 역시 계절별로 차이가 있음이 나타나는데 여름의 경우 오후 6시가 넘은 오후 8시까지 작업을 하고 교화소로 돌아왔던 것으로 파악된다. 또한, 겨울의 경우 해가 일찍 지는 이유로 대체적으로 6시 이전에 작업이 마무리되었던 것으로 나타났다. 또한, 작업량이 많은 경우 정해진 시간을 초과해서 일을 하는 경우도 있었던 것으로 확인되고 있다.

넷째, 교화소 교화생들의 점심과 저녁시간에 대한 구술 내용을 살펴보면 점심식사의 경우 작업 도중인 12시~1시 30분 사이에 있었던 것으로 파악된다. 가장 짧았던 점심시간은 10분이었고 가장 긴 점심

시간은 1시간 30분으로 나타났다. 점심식사의 경우 작업 현장에서 먹는 경우도 있었지만 교화소로 다시 돌아와 점심을 먹고 다시 작업장으로 오후 작업을 위해 나가는 경우도 있었던 것으로 확인되고 있다. 저녁식사는 주로 작업을 마치고 와서 하는데 6시~8시 30분 사이에 먹는 경우도 있었지만 작업이 마무리 되면 먹는 경우도 있어 저녁식사 시간이 고정적이지 않은 경우도 있었다.

다섯째, 작업 도중 쉬는 시간이 하루 2번 정도 있었으나 대체적으로 작업량이 많은 경우 지켜지지 않았던 것으로 확인되고 있다. 그렇기 때문에 쉬는 시간에 대한 구술 내용은 드물게 나타나고 있다.

여섯째, 작업을 마친 후 저녁 일정으로는 생활총화와 교화소 규정, 김일성·김정일 교시, 생활준칙, 위생준칙 등에 대한 학습시간이 있었고, '새출발'이라는 신문을 읽거나 하는 독보시간 후 인원 점검을 한 뒤 10시에 취침하는 것으로 파악된다.

일곱째, 대부분의 구금자들은 한 시간씩 돌아가면서 불침범을 서는 것으로 구술 내용을 통해 확인 할 수 있다.

마지막으로, 작업 일정 및 내용은 작업반에 따라 다르게 진행되는데 위생원의 경우 다른 작업반들의 일정과는 다르게 진행되고 있었음을 구술 내용을 통해 확인 할 수 있다. 오전 9시~10시와 오후 2~3시에는 치료를 하였고 오전에는 각 호실을 다니면서 환자 여부를 확인하기 위해 검병을 진행하는 것으로 확인된다. 또한, 10일에 한 번씩 군의와 함께 허약자들 검사를 하는 것으로 나타났다. 그러나 위생원은 다른 작업반 인원보다 적기 때문에 위생원들의 작업일정에 대한 구술 내용은 드물게 나타나고 있다.

수예반 역시 다른 일정으로 작업이 진행되었던 것으로 나타나는데 오전 3시~3시 30분에 일어나서 저녁 11시까지 작업이 이루어졌던 것으로 확인되고 중간에 아침, 점심, 저녁 식사 시간은 총 30분으로 한 끼 당 10분씩 시간이 주어졌던 것으로 나타났다. 이러한 이유는 수예반의 생산물은 주로 중국에 수출하는 의자 팔걸이, 등받이 깔개 등으로 수출량을 맞추기 위해서였던 것으로 나타나고 있다.

2) 점호 및 불침번

함흥교화소 내에서 점호 및 불침범이 있었던 것으로 보인다. 우선 점호 관련 구술 내용을 살펴보면 구술자10(2002.5~2002.12)은 하루에 여러 번 인원점검 및 점호가 있었다고 하였다. 오전 5시에 기상을 하면 안전원이 각 호실마다 다니면서 인원점검을 하러 다닐 때 각 호실 대표 반장이 인원수를 확인해서 전달해야 하고 오전에 일을 나가는 것을 '조출'이라고 하였는데 조출하기 전 구금자들이 숫자를 부르면서 추가적으로 인원을 확인하였다. 이외에도, 저녁에 인원 점검 및 점호가 있었다고 하였다.

> 기상은 5시. 30분 동안 안전원이 각 호실마다 돌아다니면서 인원 점검을 하면 호실 대표 반장이 "제 3반 75명 다 있습니다."라고 말한다. …. 아침에 일을 나가는 것을 조출이라고 한다. 모두 나와서 복도에 두 줄로 서서 나간다. 맨 앞에 분조장이 앉고, 그 다음에 부분조장이 앉고, 그 다음에 호실 전원이 쫙 앉는다. "3반 75명 다 준비되어있습니다"라고 하면 나오라고 하고 교화소 정문 앞에서 "제3반 조출하겠습니다"라고 한다. 선생이 "인원!!!"이라고 말하면 "하나, 둘, 셋, 넷…." 구호 붙여서 대답해야 한다. …. 저녁점검해서 자리에 앉으면 "선생님 점검 다 되어있습니다"라고 반장이 말한다.[81]

구술자11(2002.10~2005.7)은 교화소 구금 당시 5시에 기상을 한 후 일하러 가기 전에 밖으로 나오면 반별로 인원점검을 하고 다시 초소 앞에서 한 번 더 하였다고 하였다. 이후, 하루 작업이 마무리 되어 교화소에 돌아와 다시 인원점검 및 점호를 하였다고 구술하였다.

> 하루 일과가 다섯 시에 기상해요, …. 세수도 못하고 다 문 따요. 기상할 때 벨 울리거든요. 그럼 옷티 부지런히 입고 밖으로 나와서 반 별로 나와서 1반부터 점검하지요. 다 보고하고 초소 앞에서 또 보고하고

---
81) 구술자10(2002.5~2002.12)

나가서 한 15분 걸어요. …. 점심 먹고 4시면 작업 떼요. 그러면 5, 6시면 감방에 도착해요. 그러면 인원점검해가지고 그러면 저녁에 또 공부시켜요.[82]

구술자27(2009~2012)의 구술 내용을 통해 함흥교화소에서 하루에 여러 번 점호 및 인원점검을 하고 있는 것으로 보인다. 구술자27은 하루에 3번 아침에 기상했을 때 인원을 점검하고, 오전 7시와 저녁 10시에 인원 점검을 한다고 구술하였다. 구술자8(2001.5~2003.1)은 작업을 하러 나갔을 때 인원을 확인하는 점검원이 있는데 5분에 한번 씩 번호를 부르면서 해당되는 번호의 구금자가 있는지 확인을 하였다고 구술하였다.

작업 할 때는 (50명 정도 되는 사람을) 두 명이서 지키고 있소. 수감생들 상하관계는 반장, 조장, 분조장 이렇소. 그리고 감시하면서 오분에 한 번씩 사람 확인하는 점검원이 있소. 일번! 이번! 이렇게 부르면서 있는지 확인하오.[83]

함흥교화소에서의 불침범과 관련된 구술 내용을 살펴보면 다음과 같다. 구술자10(2002.5~2002.12)은 성원리분소 3과에는 4개 분조가 있었는데 조별로 돌아가면서 불침범을 한다고 하였다. 조별 2명씩 교대로 맡는데 1명은 출입문, 다른 1명은 화장실 문 앞에 서있었다고 구술하였다. 담당보안원이 출입문을 두드리면 출입문 앞에 보초를 서던 사람이 호실 내 구금자 상태 및 화장실 상태에 대해서 보고를 하는 식으로 하였다.

두 명이 교대로 보초를 서는데 한 명은 출입문에 서있고, 다른 한 명은 화장실 문 앞에 서있다. 선생님이 똑똑 호실 문을 두드리면 보초서는 사람이 "75명 모두 자고 있습니다." "화장실도 문제없습니다."라고 알

---

[82] 구술자11(2002.10~2005.7)
[83] 구술자8(2001.5~2003.1)

려준다. 조별로 돌아가면서 보초를 선다. 3반에 4개 분조가 있었다.[84]

구술자18(2006.10~2007.4)은 성원리분소에서는 밤에 반별로 구금자 2명씩 돌아가면서 보초를 섰다고 하였다.
동중리 분소에 구금되어 있었던 구술자20(2007.2~2009.12)도 조마다 2명이 2시간씩 앞문과 뒷문에서 경비를 선다고 하였다. 보안원이 지나갈 때 내부 인원 보고를 해야 하는데 만약 경비를 서는 사람이 자느라 보고를 놓치면 그 사람은 그 다음날 또 경비를 서야 했다고 한다. 또한, 보안원이 지나갈 때 보고하는 것뿐만 아니라 밤에 누가 화장실을 가고 어떤 대변을 봤는지를 기록해 반장에게도 보고를 해야 했다고 구술하였다.

> 2시간에 한 번씩 문 앞에서 경비를 섰어요. 매 조마다 2명씩 앞문하고 뒷문이 있는데 문 앞에 서서 1호 감방 100여명 다 있습니다. 이렇게 선생이 지나갈 때 보고를 해야 했어요. 만약에 선생이 지나갈 때 보고를 안 하고 이 사람이 졸면 그 다음날 이 사람을 또 시켰어요. 뒷문에 있는 사람이 화장실을 가면 이 사람이 변을 어떤 거를 봤나. 누가 설사했으면 적어야 했어요. 종합적인 거는 반장한테 보고를 했어요.[85]

함흥교화소 내 점호 관련 실태를 살펴보면, 매일 정해진 시간 이외에 작업 중간에도 여러 번 수시로 했던 것으로 파악된다. 규칙적으로 점호가 행해진 시간을 정리해 보면 오전에 기상해서 한 번, 작업을 하러 가기 전 한 번, 작업을 마친 후 교화소에 돌아와서 오후에 한번, 저녁에 한 번씩 등 하루에 몇 번씩 시간을 정해놓고 행해지고 있는 것으로 확인 된다. 또한, 작업 도중에도 점호 및 인원 점검을 수시로 하고 있는 것으로 나타났다.
불침범의 경우 일반적으로 저녁 취침시간에 조별로 2명씩 돌아가

---

84) 구술자10(2002.5~2002.12)
85) 구술자20(2007.2~2009.12)

면서 하고 있는 것으로 확인 된다. 이러한 점호와 불침범은 교화소에서 구금자 실태 확인 및 도주자 방지를 위해 시행하고 있는 것으로 보인다. 그렇기 때문에 정기적인 확인 이외에 기습적으로 구금자들을 점호 및 불침범 확인을 통해 인원점검 및 호실 내 상황을 파악하는 것으로 보인다. 또한, 불침범의 경우 구금자들의 화장실 사용 여부 등을 기록하게 하여 구금자들의 건강 상태를 확인하고자 하였던 것으로 나타났다.

하지만, 불침범 및 점호를 제대로 하지 못하는 경우, 추가적으로 처벌이 있었던 것으로 나타나 함흥교화소 구금자들은 항상 언제 있을 점호 및 인원확인에 대비하여 긴장된 상태를 유지해야 했던 것으로 나타났다.

3) 생활총화

함흥교화소에서 있던 생활총화 관련 구술 내용을 살펴보면 다음과 같다. 구술자4(1999.11~2005.9)는 본소에 구금되어 있을 당시 매일 작업이 마무리 된 후 담당지도원에게 반장과 '지령공'이 하루 작업량을 보고했을 때 작업량을 달성 하지 못한 사람의 배급량을 임의적으로 감소하거나 생활을 잘하지 못한 사람에게 폭행을 가하는 경우도 있다고 구술하였다. 하지만, 일요일에는 생활총화를 하지 않았다고 하였다.

> 생활총화는 매일 저녁 일 끝나면 대체로 5시 반에 끝나서 하루 총화라고 해서 담당지도원이 나와서 반장(생활관리)하고 지령공(생활계획 지시)이 있는데, 그 사람들이 작업 몇 %를 했는지 말하면 계획 달성을 못하면 미달 밥(적은 량의 밥)을 줘요. 생활을 잘못했다든지 그러면 지도원이 때리기도 하고 그래요. …. 생활총화는 일요일에는 안 해요.[86]

---

86) 구술자4(1999.11~2005.9)

본소에 구금되어 있었던 구술자24(2008.5~2012.1)도 일을 잘못하는 대상에 대해서 저녁 6시에 총화사업을 하였다고 하였다.

구술자8(2001.5~2003.1)은 매일하는 총화와 일주일에 한 번씩 하는 주 총화가 성원리분소에서 있었다고 하였다. 작업을 마치면 교화소로 들어와서 총화를 매일 하는데 30분 정도 했다고 하였다. 주 총화의 경우 한 시간 정도 반성문을 쓰는 것으로 진행이 되었는데 익명으로 종이에 다른 사람이 잘 못된 거를 적어서 안전원에게 제출했다고 하였다.

> 들어오면 매일 매일 총화짓소. 총화는 그저 30분. …. 주일에 한 번 하는 총화는 뭐인가, 반성문을 쓰게끔 준단 말이오. 거기에 이름도 안 쓰고 그저 누구든 잘 못한걸 써서 안전원을 가져다준단 말이오. 그러면 안전원이 깔 꺼는 까고 그러지. 총화 시간은 야, 한 시간 딱 걸리오.[87]

구술자11(2002.10~2005.7)은 주 총화에 대해서 구술하였는데 내용을 살펴보면, 매주 토요일 5시부터 7시까지 생활총화가 있었고 총화방식은 서로 비판하는 식인 호상비판하는 방법으로 진행되었다고 하였다. 이러한 방식으로 인해 생활총화가 끝난 후 서로 비판한 구금자들끼리 싸움이 있곤 하였다고 구술하였다. 또한, 반장 혹은 조장이 일을 못한 사람에 대해서 보고하는 방식으로 진행되기도 하였는데 선생이 이 보고를 듣고 해당되는 교화생을 구타하였다고 하였다.

> 주 생활총화는 매주 토요일 5시부터 7시까지 서로 호상비판하게 하지. 그 생활총화 끝나면 싸우기도 하고. 총화시간에 조장, 반장이 하루 일과에서 못 한 사람을 보고하면 선생이 이를 듣고 해당하는 사람을 구타했지. 오순애가 제일 많이 맞았다고 했다. 나무가 없으면 문을 열고 나오면 주차장이 있어서 나무가 많았다. 나무를 가지고 오라고 시켜서 그것으로 구타했다.[88]

---

87) 구술자8(2001.5~2003.1)
88) 구술자11(2002.10~2005.7)

구술자2(1998~2000.7)는 동중리분소에도 생활총화가 있었다고 하였으나 매일이 아닌 특정 요일을 정해 그날 생활총화를 하였다고 구술하였다.

> 학습이나 뭐 그런 거해요? 좀 하는 척 하다가 말죠. 생활총화가 있긴 했는데 무슨 요일 이였는지는 기억이 안나요.[89]

함흥교화소 본·분소 모두 생활총화를 하고 있는 것으로 파악된다. 총화대상은 일을 잘하지 못해서 작업량을 달성하지 못한 교화생이거나, 생활을 잘 못한 교화생을 대상으로 하고 있음을 알 수 있다. 생활총화는 매일하는 생활총화와 일주일에 한번 하는 주 총화로 분류가 되는데 매일하는 생활총화는 하루 작업이 마무리 되었을 때 진행되는 것으로 확인 된다. 주 총화는 일주일에 한번 요일을 정해하고 있는 것으로 알려져 있다. 총화에 걸리는 시간은 30분부터 2시간 까지 다양한 구술 내용이 나와 진행 방식에 따라 걸리는 시간도 다른 것으로 확인 된다. 생활총화 진행 방식을 살펴보면, 반장, 지령공, 혹은 조장이 보고하는 방식, 반성문을 쓰는 방식, 호상비판 방식 등의 다양한 방법이 사용되었던 것으로 나타나고 있다. 그리고 생활총화가 끝난 후, 해당되는 대상에게 처벌이 가해지는데 배급량을 삭감하거나 심한 경우에는 폭행을 가하고 있는 것으로 확인 된다. 생활총화는 서로 다른 사람의 잘못을 밝히는 방식으로 진행되기 때문에 생활총화로 인해 구금자들 사이가 악화되어 싸움이 종종 일어나기도 하는 것으로 나타나고 있다.

---

89) 구술자2(1998~2000.7)

4) 면회

함흥교화소 면회에 대한 구술 내용을 분·분소별로 살펴보면 다음과 같다. 본소의 경우 구술자3(1999.4~2005)은 면회로 옷, 이불 비누 및 음식물을 받아 생활하였다고 구술하였다. 구술자4(1999.11~2005.9)는 원래 6개월에 한 번씩 면회가 허용되었으나 교화소 내 죽은 사람들이 많아지면서 한 달에 한 번도 허용되었다고 하였다. 교화소 내 면식창고가 있어 면회에서 받은 펑펑이 가루를 보관하였는데 오후에 관리과장이 나와서 250~400그램씩 정해진 양만 주었다고 하였다. 면식을 받게 되면 2~3킬로는 교화소에 바쳐야 했다고 하였다. 면회 물품은 주로 '펑펑이 가루', 이불, 약 등을 받았다고 하였다. 면회 금지 물품은 담배, 술, 돈으로 금지물품인 담배는 주로 이불속에 넣어서 몰래 받거나 지도원이 요청한 물품을 만들어 주는 대신 담배를 부탁하고 받는 경우도 있었다고 구술하였다.

> 면회는 가능해요. 원래 6개월에 한번인데 한 달에 한 번씩 시켜줘요. 죽는 사람이 많으니 가까운데 있는 사람들은 한 달에 한 번씩 와요. 면식반 1과 2과로 갈라져있는데 과장들이 한 명씩 있는데 한 명 지도원은 동OO이었어요. 면식창고를 하나씩 갖고 있고 펑펑이 가루를 맡겨두는데, 과장 밑에 면식반장이 있는데 구금자에요. 이 사람들이 오후 시간에 관리과장이 나와서 각 반에 면식자를 모이라 그래서 세면기나 나무그릇에 물 떠서 가면 250~400그램 씩 퍼줘요. 가지 못하고 둥그렇게 모여 앉아서 자기내들끼리 모여 앉아 먹어요. 교화반에 2킬로나 3킬로 정도 받쳐야 해요. 교화반에서 남새 좀 넣고 펑펑이 가루 넣고 멀건 죽을 끓여서 같이 앉아 먹어요. 약도 받아줘요. 술, 담배, 돈은 금지에요. 담배는 지도원이 뭘 만들어 달라고 부탁하면 구금자들은 담배를 부탁하고 그래요. 면회 오면 이불 같은 것 들여오면 그 안에 담배도 몰래 들여오고 그래요.[90]

구술자9(2002.4~2003.2) 역시 교화소 구금 당시 면회는 가능하다

---

90) 구술자4(1999.11~2005.9)

고 하였으나 면회에서 받을 수 있는 물품은 펑펑이 가루만 허용되었고, 약품은 면식으로 받은 사실이 발각되면 압수되어 교화소 내 치료시설에서 가져간다고 구술하였다.

> 면회허용 되었다. 면식은 펑펑이 가루만 허용되었고, 약품은 들여오지 못하게 하였다. 만약 약품을 들여온 것이 적발되면 압수하여 교화소 내 치료실에 갖다 주었다.[91]

구술자1(1998.12~2002.4)은 함흥교화소에서 면회는 가능하였으나, 교화소 밖 가족들의 생활이 어려운 형편에 있었기 때문에 면회가 없었다고 하였다.

> 면회는 허용되었지만 밖에 남은 가족도 살기가 힘드니까 감옥에 면회를 잘 오지 못했다. 부모들은 감옥에 있는 자식의 경우, 제 명이 길면 살아남겠지라고 생각하고, 집에 있는 자식들 신경 쓰느라 감옥에 있는 자식은 신경 쓰지 못한다.[92]

구술자8(2001.5~2003.1)은 다른 구술자들과 다르게 면회는 아무 때나 가능하였다고 구술하였다.

> 면회는 아무 때나 되오. 그렇다고 맨날 찾아오는 건 아니니까.[93]

성원리분소에서 면회는 가능하였으나 면회 과정에서 면회물품을 압수당하거나 뇌물이 요구되었다는 구술 내용이 있었다. 구술자11(2002.10~2005.7)은 면식 같은 경우 규정상 석 달에 한 번 이었으나 면회지도원과장에게 뇌물을 주는 경우 한 달에 한 번도 가능하였다고 하였다.

---

91) 구술자9(2002.4~2003.2)
92) 구술자1(1998.12~2002.4)
93) 구술자8(2001.5~2003.1)

> 면식 같은 거는 규정에 석 달에 한 번인데, 면회지도원과장한테 돈 갖다 주면 한 달에 한 번씩 면회 시켜주기도 하고. 청진 같은 데는 머니까, 교화소까지 매번 오기 힘드니까 속도전 가루를 한 달 치를 가져오고 그렇죠.94)

구술자28(2009.10~2010.12)은 원래 면회가 안 된다고 하였다. 하지만 담당보안원이 면회를 오는 가족들에게는 '과제(뇌물)'을 요구하고 해당 물품을 받으면 허용된다고 구술하였다. 구술자는 면회 담당 지도원이 구술자의 가족에게 담배를 가져왔는지 물어 본 후 가족이 담배를 전달하는 모습을 목격하였다고 구술하였다. 또한, 구술자의 가족이 가져 온 펑펑이 가루의 절반 이상만 구술자에게 전달되었다고 하였다.

> 교화소는 원래 면회 안되요. 우리집에서도 한두번 왔는데, 2010년 6월인가. 펑펑이가루 30킬로를 사넣으랬는데, 아빠가 술을 사먹었는지 11킬로인가를 가져왔어요. 절반 이상은 본인에게 줘요. 보통 면회를 오는 이에게 과제를 줘요. 면회시켜주는 지도원이 '담배 가져왔어요' 하는데 아빠가 고양이 담배 한 곽을 꺼내주더라구요.95)

구술자7(2000.1~2005.3)은 면회는 가능하였으나 강냉이 가루가 들어오는 경우 30%는 교화소에 바쳐야 했고 약품은 들어오면 바쳐야 했다는 이유로 숨겨서 가져왔다고 구술하였다.

> 면회 가능합니다. 약품을 바쳐야 하기 때문에 몰래 숨겨서 들어오도록 합니다. 강냉이 가루를 들여올 경우 약 30% 정도는 바쳐야 합니다.96)

구술자10(2002.5~2002.12)은 면회가 허용되었으나 면회 회수는 정해져 있지 않았다고 하였다. 하지만 면회가 오면 전부 면회온 사

---

94) 구술자11(2002.10~2005.7)
95) 구술자28(2009.10~2010.12)
96) 구술자7(2000.1~2005.3)

람을 만났던 것은 아니었다고 한다. 예를 들면, 10일에 한 번씩 오면 2번은 면회가 허용되었으나 한 번은 면식만 받는 경우도 있었다고 하였다. 하지만 면회지도원과 관계를 잘 유지하는 경우 3번 모두 면회를 할 수 있었다고 하였다. 주로 받은 면식품은 펑펑이 가루, 이밥, 기름, 꿀 등이었는데 고춧가루는 섭취하면 교화소를 탈출할 기력이 생긴다는 이유로 면식품으로 받을 수 없었다고 구술하였다.

구술자18(2006.10~2007.4)은 면회는 자유롭게 할 수 있었으나 면회를 하기 위해서는 뇌물을 제공해야 한다고 하였고 특정 물품을 요구받는 경우도 있었다고 하였다.

> 면회는 자유로웠다. 그러나 면회를 하자면 세멘트, 전기선, 흰색 천, 목재 바닥 깔판 등을 성의껏 내야 했다. 그러면, "다음엔 전기선을 갖다 달라"고 요구하기도 했다.[97]

동중리분소에서 면회 실태에 대한 구술 내용을 살펴보면 다음과 같다. 동중리분소에 구금되었던 구술자2(1998~2000.7)는 한 달에 한 번씩 면회가 가능하였다고 하였다. 하지만 실제로 거주지와 교화소 사이 거리가 있었기 때문에 3~4개월에 한 번씩 면회가 왔었다고 하였다. 면회로 받는 물품은 펑펑이 가루, 양말, 속옷, 신발을 받았다고 하였다. 면회품을 빼앗기지는 않았고 면회가 자주 오지 않는 사람들은 다른 사람들의 면식품을 나눠 먹게 하였다고 구술하였다.

구술자20(2007.2~2009.12)은 2008년 여름 이전에는 면회를 한 달에 한번 가능하다고 하였으나 그 이후에는 정치교화선생이 3개월에 한 번이라고 보고한 이후에는 3달에 한번만 가능하였다고 구술하였다. 하지만 예외적으로 멀리서 면회를 오는 경우 2일 연속으로 면회가 가능한 경우도 있었다고 하였다. 가족들이 면회를 오면 수감되어 있는 가족을 잘 봐달라는 의미로 면회 담당 보안원에게 담배 등을 주었다고 하였다. 또한, 면회는 교화소 밖에 위치한 면회실에서

---

[97] 구술자18(2006.10~2007.4)

이루어지는데 주로 1시간 동안 허용되었다고 한다. 편지는 몰래 전달할 수 있었고 옆에서 면회 담당 보안원이 지키고 있어 마음대로 가족과 말을 할 수 없었다고 하였다. 하지만 이런 경우 담배 등 물품을 면회 담당 보안원에게 전달하면 자리를 피해준다고 하였다. 면회 가능 물품은 펑펑이 가루 및 옷 등이었는데 어두운 색과 장식이 없는 옷만 받을 수 있었다고 하였다. 면회로 받은 펑펑이 가루는 구금자가 관리하는 것이 아니고 교화소 내 창고에 넣어놓아야 하였다고 한다. 면회에서 받을 수 없는 물품은 고춧가루였다고 구술하였다. 약이 들어오는 경우는 보안원이 가지고 갔다고 하였다.

> 면회는 3개월에 한 번씩 했어요. 처음에는 달마다 했어요. 2007년도까지는 우리 집에서 면회를 왔었는데 2008년 여름부터 3개월에 한번이라고 했어요. 정치교화 선생이 보고했어요.
> 거기 비서 선생이 면회 담당이었어요. 그 선생에게 올적마다 집에서 담배랑 주고 잘 봐달라고 했어요. …. 그리고 고춧가루는 일체 집에서 들여오지 말라고 했어요. 면회할 때 가족을 만났어요. 대문 밖에 나와서 동중리로 올라오는 길목에 도로에 면회실이 있었어요. 면회실에서 지켜야 하는 게 고춧가루는 안되고 편지는 가만가만히 주고, 마음대로 말을 못했어요. 시간은 한 시간 줬어요. 마주 앉아서 만났어요. 울면서 급해서 먹는단 말이에요. 할 말도 못해요 제대로. 옆에 비서 선생이 지키고 있었는데 담배를 주면 피했어요. …. 먹느라 말도 제대로 못해요. 말 못하게 하니까. 면회품은 펑펑이 가루, 옷도 여러 가지였어요. 쇳대 있거나 상표 있는 거는 일체 못 들여가고 색깔 있는 옷은 못 들여가고 다 거무튀튀한 거 그런 거만. 검은색 밤색 그런 거만 되었어요. 약품은 선생이 다 가지고 나갔어요. 거기서 면식가루하고 음식 먹다 남은 거는 허용했어요. 멀리서 오면 2일을 면회하러 나갔어요. 면식은 선생이 데리고 면식창고가 좌측켠에 따로 있는데 돌아들어 가면 감방장이 열쇠를 딱 가지고 있어요. 한 군데 다 넣어놓아요.[98]

---

[98] 구술자20(2007.2~2009.12)

구술자23(2008~2011.2)은 함흥교화소 구금 당시 면회는 가능하였고 주로 면회 오면 펑펑이 가루를 가져왔다고 구술하였다.

> 한 달에 한 번씩은 시켜요. 거긴 머니까 서너 달에 한번이나 오죠. 펑펑이 가루나 양말 속옷 신발 이런 거 받아서 다 줘요. 딱히 뺏진 않아요. 전 온 적 없어요. 살기 힘든데 올 길도 모르고. 나같이 면회 없는 사람은 선생들이 나눠먹게 해요.[99]

함흥교화소 면회 관련 구술자들의 구술 내용을 살펴보면 함흥교화소 본·분소에서는 면회가 허용되었던 걸로 확인된다. 면회 가능 기간은 10일에 한 번, 1개월에 한 번, 3개월에 한 번 혹은 6개월에 한 번 가능하였다는 구술 내용이 있었으나 가능 기간이 규정되어 있지 않고 자유롭게 면회를 할 수 있었다는 구술도 있고 면회 허용 기간에 대한 차이를 보이고 있음을 알 수 있다. 또한, 거주지가 교화소와 멀리 떨어져 있었던 교화생들은 3~4개월에 한번 면회가 오는 경우에는 2일 연속 면회가 가능하기도 하였던 것으로 나타났다. 하지만, 일부 교화생들은 함흥교화소에서 면회가 허용되었어도 가족들의 생활이 어려웠던 탓에 면회가 없었던 경우도 있었다. 반면, 일부 구술자들은 면회가 불가능하다고 하였으나 뇌물을 제공하면 가능하기도 하였다는 구술 내용이 있어 구술자별로 면회 허용 여부에 차이가 나타나고 있다. 이러한 면회관련 구술 내용이 차이가 나는 이유는 교화소 면회 관련 규정 변화 및 교화소 면회 담당 관리원의 재량에 따라 면회 허용 여부가 영향을 받았기 때문으로 볼 수 있다.

면회 방식에 대한 구술 내용을 살펴보면 면회는 직접 면회를 온 사람들을 만날 수 있는 경우도 있었지만 사람은 만나지 못하고 면회 물품만 받는 경우도 있던 것으로 나타난다.

교화소 내 면회 허용 물품은 펑펑이 가루, 기름, 이불, 양말, 속옷,

---

99) 구술자2(1998~2000.7)

신발 등으로 확인이 된다. 면회에서 받을 수 없었던 물품은 담배, 술, 돈, 고춧가루 등으로 나타났다. 또한, 약품의 경우 금지 물품이거나 받더라도 모두 압수되었던 것으로 나타났다. 하지만 소수의 구술자들은 면회 당시 약을 받을 수 있었다고 하여 구술자 별로 차이를 보이고 있다.

면회를 통해 받은 면회 물품들의 교화소 내 사용 여부 관련구술 내용을 살펴보면 구금자들이 전부 사용할 수 있었던 것은 아니고 일부만 받을 수 있는 것으로 나타났다. 면회 물품 관리방식 역시, 구금자 본인이 개별적으로 관리하는 것이 아닌 창고에 보관되어 관리과장과 구금자 중 면식반장이 있어 면회물품을 관리하고 하루에 정해진 양 일부만 면회 당사자에게 제공하였던 것으로 나타났다.

또한, 면회 허용 조건으로 부수적으로 뇌물 등의 요구사항이 있었던 것으로 파악된다. 면회를 오는 사람들에게 면회 허용 혹은 면회를 자주할 수 있는 조건으로 뇌물이 요구되는 경우가 있었는데 주로 뇌물로는 담배, 시멘트, 전기선, 천, 목재바닥 깔판 등 특정 물품을 정해주고 면회를 시켜주고 있는 경우도 있었던 것으로 나타나고 있다.

5) 휴일

본소에 구금되었던 구술자4(1999.11~2005.9)는 휴일은 일요일로 아무 일도 안하고 감방에 갇혀 있어 주로 세탁을 하거나 잠을 잤다고 구술하였다. 하지만 매 일요일이라고 쉴 수 있는 것은 아니었으나 최근에는 휴일을 지키려고 한다고 구술하였다.

> 휴일은 일요일이에요. 휴일에는 아무 일도 안하고 감방에 가둬놓고 세탁하거나 하루 종일 자거나 그래요. 일요일이라고 무조건 휴일은 아니에요. 그래도 최근에는 휴일을 지켜주는 편이에요.[100]

---
100) 구술자4(1999.11~2005.9)

성원리분소에 구금되어 있었던 구술자8(2001.5~2003.1)은 일요일에 쉰다고 하였다. 하지만 농사철이 바쁜 경우에는 일요일에도 쉬지 못하는 경우도 있었다고 하였다. 쉬는 날에는 잠을 자거나 옷을 깁고, 이를 잡는다고 하였다. 일요일 외에도 공식휴일인 김일성 생일, 김정일 생일, 설날, 공화국 창건일, 당 창건일, 국가헌법절에도 휴식을 취할 수 있었다고 구술하였다.

> 쉬는 날은 일욜 일날은 좀 쉬오. 일주일에 한 번씩 쉬는 거는 안 바쁠 때 그렇고, 농사철에는 못 쉴 때도 많고. 쉴 때는 앉아서 자오. 옷도 깁고, 머리도 서로서로 깎고, 이도 잡고. 혼자 잘 수도 있소. 공식 휴일이라는 건, 김일성 생일, 김정일 생일, 설날, 공화국 창건, 당창건, 그리고 12월 27일은 국가헌법절날이란 말이오, 그날도 쉬오.[101]

구술자10(2002.5~2002.12)은 휴일 및 휴식이 있었다고 구술하였다. 휴일은 명절인 설날, 추석, 김정일 및 김일성 생일, 8월 15일 조국해방날, 구구절인 당창건기념일, 10월 10일 등이었고 당창건기념일, 8월 15일, 10월 10일에는 담당보안원의 방에서 텔레비전을 가져와 복도에 놓고 한 시간 동안 시청하게 하였다고 하였다. 나머지 시간에는 감방에서 시간을 보내거나 안전원들의 옷이나 모자를 수선하였다고 구술하였다. 또한, 비와 눈이 많이 오는 경우에도 휴식을 준다고 하였다.

> 휴식 및 휴일이 있었다. 비가 오게 되면 놀고, 휴식은 꼭 준다. 눈이 와도 휴식주고, 설날, 추석, 김정일, 김일성 생일. 구구절(당 창건 기념일), 10월 10일, 조국 해방 날 8월 15일 날 티비를 보여준다. 선생님들 방에 있는 티비를 복도에 가져와서 한 시간 동안 보게 한다. 난 티비에 관심이 없어서 티비를 보는 척하면서 호박 범버기 만드는 것을 생각하곤 했다. 휴식이면 그냥 감방에서 놀았다. 안전원 모자나 바지나 옷을 손바느질로 수선해 줬다.[102]

---

101) 구술자8(2001.5~2003.1)

하지만, 일부 구술 내용에서는 휴일이 없는 경우도 있었고, 휴일이 있었음에도 불구하고 여러 이유로 인해 휴일에 쉬지 못한 사실을 확인 할 수 있다. 구술자1(1998.12~2002.4)은 작업반에 따라 휴식 차이가 있다고 하였다. 농산반의 경우 일요일에 휴식을 취하였으나 화목반은 일요일 및 김정일 생일에도 일을 하는 등 휴식이 없다고 구술하였다. 또한, 구술자7(2000.1~2005.3)은 한 달에 한번 명절 등 휴일이 있었으나 쉬는 날에도 사상투쟁 및 총화를 하면서 지내야 한다고 구술하였다.

> 휴일은 없었다. 김정일 생일에도 쉬지 않았다. 그래도 농산반은 일요일에는 휴식하는데, 화목반은 일요일에도 계속 일을 나가야 했다. 나무가 없으면 밥을 해먹지 못하니 쉬지도 못하고 일을 하였다.[103]

구술자11(2002.10~2005.7)은 휴일은 일요일이었으나 선생에게 잘 보이기 위해서 담당선생의 집에서 일을 해야 했다고 구술하였다. 심지어는 휴일에 담당보안원 집에서 일을 할 때 먹을 강냉이 쌀과 배추 등 식량을 직접 가져가 밥을 해 먹으면서 일을 해야 했다고 하였다.

동중리분소에 구금되어 있었던 구술자들의 휴일 관련 구술 내용을 살펴보면 다음과 같다. 동중리분소에 구금되어 있었던 구술자23(2008~2011.2)은 일요일 마다 휴일이었다고 하였다.

구술자20(2007.2~2009.12)은 일요일 쉬는 날에도 김정일 말씀이 있거나 행사가 있는 날에는 구금자 모두 교양실에 모여 관련 방송을 시청한다고 하였다. 학습이 있는 경우에는 학습 후 문답식이 진행된다고 하였다. 마지막으로 아무런 일정이 없는 일요일의 경우 몸 관리, 샤워 혹은 빨래를 한다고 하였다. 그리고 보안원 및 반장 몰래 필요한 물품을 밥으로 교환하거나 배가 고픈 경우 옷을 팔아 식량을 얻는다고 구술하였다.

---

102) 구술자10(2002.5~2002.12)
103) 구술자1(1998.12~2002.4)

일요일은 티비 낭송, 김정일이 말씀 있다고 하면 나가서 행사를 했어요. 당창건, 공화국창건일 이럴 때는 다른 칸에 들어가서 티비를 보고. 학습하게 되면 거기서 번호를 찍어서 문답식을 하고. 그 방은 대문을 들어오면 감방 바깥에 있었어요. 기억자로 되어있었어요. 거기는 교양실이라고 했어요. …. 일요일 쉬는 날에는 학습 안 할 때는 몸관리, 샤워하고 빨래하기를 했어요. 조별로 했어요. 그리고 다른 거는 안했어요. 그 안에서 일요일에 장사하는 사람들이 있었어요. 밥 덩지 바꾸고 배고프니까 옷을 팔아먹고. 그것도 눈치 있게 반장 눈에 안 띄게 움직였어요.[104]

함흥교화소 내 휴일관련 구술 내용을 종합해보면 휴일이 지켜지는 경우가 있었고 여러 이유로 휴일이 지켜지지 않는 경우 등 다양한 사례가 나타나고 있음을 알 수 있다.

우선, 함흥교화소 내 규정된 휴일들은 매주 일요일, 명절인 설날과 추석과 더불어 김일성 생일, 김정일 생일, 공화국창건일, 당 창건일, 국가헌법절, 8월 15일 조국해방날, 10월 10일이었던 것으로 파악된다. 또한, 비와 눈이 오는 경우에도 일을 하지 않고 쉬는 것으로 나타나고 있다.

교화생들이 휴일을 보내는 방법은 주로 밖으로 나가지 못하고 방에 있어야 했지만 작업은 하지 않고 주로 잠을 자면서 쉬거나, 세탁을 하거나, 옷을 깁거나 이를 잡으면서 시간을 보내고 있는 것으로 보인다.

하지만, 휴일에 쉬지 못하거나 자유롭게 시간을 보내지 못했다는 구술 내용도 있었다. 교화생들이 쉴 수 없었던 원인으로는 일반적으로 작업반에 따라 달라지는데 일이 많은 작업반이거나 농사철 등 일이 많은 기간에는 휴일에도 일을 하였던 것으로 파악된다. 또한, 이뿐만 아니라, 휴일에 일을 하지 않더라도 사상투쟁 및 총화 등으로 인해 휴식을 제대로 보내지 못했던 것으로 나타난다. 마지막으로, 휴

---

104) 구술자20(2007.2~2009.12)

일에도 교화소 선생들에게 잘 보이기 위해서 안전원들의 옷과 모자를 수선하거나 담당보안원의 집에 찾아 가서 일을 했던 것으로 나타나고 있어, 교화생들은 휴식이 있더라도 이러한 이유 등으로 인해 휴일에도 휴식을 제대로 취할 수 없었던 것으로 파악된다.

IV. 구금자 관리 및 감시 체계

현재까지 북한의 교화소 운영과 관리체계에 대해서 당국이 공식적으로 공개한 문서와 자료는 존재하지 않는다. 따라서 교화소 경험자들의 증언을 통해서 실상을 파악할 수밖에 없는 실정이다.

1. 교화소 관리 담당 부서 및 인원

함흥교화소 본소에 1999년부터 2005년까지 구금되어 있었던 구술자4(1999.11~2005.9)는 당시 교화소 경비를 관리하는 인원으로 하사관들로 구성된 경비대가 있었다고 구술하였다.

> 교화소 내에 경비는 보안성 산하에 경비대가 있는데 하사관들인데, ….[105]

성원리분소에 구금되어 있었던 구술자11(2002.10~2005.7)은 보초의 경우 나이어린 여자군인들이었으나 작업반은 남자 지도원이 담당하여 총 7명이 있었다고 하였다. 또한, 3관리과 과장, 교화지도원비서와 면회지도원이 있었는데 이들은 남자였고 각 계급을 살펴보면 관리과장은 두 줄에 하나였고 교화지도원비서와 면회지도원은 별 네 알이었다고 하였다. 그리고 교화지도원이 있었는데, 여자로 별 세알이었다고 구술하였다. 이외에, 보초 2명, 축산 담당지도원과 작업반마다 여자 경비가 2명씩 있었다고 하였다. 성원리분소 관리 인원을 다 합하면 총 40명이 있었는데 이들 중 하전사는 30명 정도였다고 하였다.

> 초소도 여자가 다 서요. 지도원들은 남자도 있지, 그런데 보초는 다 여자 군인들이 나이 어린애들이 다 서요. 매 반마다, 7반이고, 죄다

---

105) 구술자4(1999.11~2005.9)

남자 지도원들이 담당을 해요. 그 다음에 여기메에서도 매 학급 지도원들 7명에다가, 관리과, 3관리과 과장이 있어요. 두 줄에 하나, 소조 달고, 그 다음에 교화 지도원 비서가 있어요. 별 네 알 달았어요. 그거도 남자에요. 면회지도원이 또 있어요. 이 사람도 별 네 알 달았어요. 남잔데. 그 다음에 교화지도원이 있어요. 이건 여자에요, 별 세 알 달은 여자. 이렇게 구성이 되어있고 그 다음에 보초만 서는 사람이두 명에, 축산과, 돼지가 1500마리, 개 20, 닭 30, 오리 20마리 정도 있는 축산과가 있는데 거기 초소에 또 하나 여자선생이 경비서요. 그리고 축산과 안에서 왔다 갔다 하면서 일하는 담당지도원이 또 있고, 매 반마다 여자 경비 선생이 두 명씩 있어요. 일하러 나갈 때 두 명이 총을 메고 따라 나오지. 그렇게 하고 초소에 서지, 두 시간에 한 번씩 서지, 하전사만 해도 (보초) 한 서른 명이 돼요. 총 40명 정도 되고 과장이 뭐 제일 높지, 그 다음이 비서, 교화지도원 이렇게 되지.106)

구술자8(2001.5~2003.1)은 교화소 국장, 부국장, 소장, 부소장, 안전과 비서와 담당안전원이 있었는데 안전원의 경우 15명이 있었다고 구술하였다.

교화소 국장이 맨 위에고, 부국장, 소장, 부소장, 안전과 비서(3~4명), 그 다음엔 잘 모르오. 그저 뭐 담당 안전원들인데 과장(1명), 그런 사람하고 그 밑에 안전원들 있겠지. 안전원들이 보자, 그 때 한 15명 있는거 같소. 성원리에 있는 사람들. 국장, 부국장 이런 사람들은 본사에 있지. 작업 할 때는 (50명 정도 되는 사람을) 두 명이서 지키고 있소.107)

동중리분소에 구금되어 있었던 구술자2(1998~2000.7)는 작업을 할 때는 20대 초반이었던 안전원들이 지키고 있다고 하였다. 한 반에 선생들은 남자 2명, 여자 2명해서 4명이 있어 총 5반에 30명 정도 있었다고 하였다. 원래는 한반에 10명 정도 있어야 한다고 하였다. 또한, 경비생들도 있었다고 하였다.

---

106) 구술자11(2002.10~2005.7)
107) 구술자8(2001.5~2003.1)

거기는 작업 할 때는 안전원들이 다 지키는 거예요. 20살 초반 애들이 총을 들고 서는 거예요. 거기는 계호는 없어요. 거기 지키는 경비생들만 있었어요. 한 반에 선생들이 4명씩 있었어요. 여자 둘에 남자 둘이예요. 여자들도 그냥 보초서는 거예요. 5반이니까 30명 정도 있는 거예요. 원래는 한 반에 10명 정도 있어야 한데요.[108]

구술자23(2008~2011.2)은 당시 동중리분소에는 관리인은 50~60대에 있는 사람들이었고 1반부터 10반까지 담당보안원이 한 명씩 있었다고 하였다. 또한, 교양실과 간호실이 있었으나 이러한 시설관리인은 여자였다고 하였다. 또한, 자재 및 부기를 관리하는 관리인도 있었다고 하였다.

> 50~60대 아바이들이 관리인으로 있고, 1반부터 10반까지 선생님 한 명씩이 있어요.
> 교양실, 간호실 빼고 모두 남자직원이에요. 자재, 부기관리인등이 있고.[109]

함흥교화소 내 관리 담당 부서 및 인원에 구술 내용을 살펴보면, 함흥교화소 본소의 경우 감시를 담당하는 하전하로 구성된 경비대가 있었음을 확인할 수 있다. 동중리와 성원리분소 내 담당 부서 및 인원에 대한 구술 내용이 본소에 비해 자세하게 기록되어 있어 이러한 구술 내용을 살펴보면 각 분소에는 40여명의 인원이 있었음을 확인할 수 있다. 성원리분소의 경우 작업반 지도원, 보초, 3관리과 과장, 교화지도원 비서, 면회 지도원, 작업반 경비 등이 있었던 것으로 확인된다. 구술 내용에서 확인 할 수 있는 관리인들의 계급을 살펴보면 3관리과 과장은 2줄에 하나였고, 교화지도원 비서와 면회 지도원은 별 네알이었던 것으로 보고되었다. 관리인원의 성별을 살펴보면 보초와 교화지도원은 여자였고, 나머지는 남자였던 것으로 나타났다.

---

108) 구술자2(1998~2000.7)
109) 구술자23(2008~2011.2)

동중리의 경우 안전원, 작업반 담당보안원, 시설 관리인, 자재 관리인, 부기 관리인, 경비생 등이 있었던 것으로 파악된다. 연령은 안전원의 경우 20대가 대부분이었고, 관리인의 경우 50~60대 사이에 있는 사람들이 대부분이었고, 성별은 여성보다 남성이 대다수를 차지하고 있음을 알 수 있다.

하지만, 함흥교화소 본소와 동중리와 성원리분소 관련 구술 내용 중 함흥교화소 내 고위관리직에 대한 구술 내용이 많지 않은 것으로 확인되는데 이는 함흥교화소 구금자들은 직접 접촉하는 담당보안원 이외의 관리자 및 체계에 대해 구금자들에게 제공되지 않았기 때문에 함흥교화소 고위관리자에 대해 구체적으로 알지 못했던 것으로 나타났다.

2. 감시체계 및 시설

본소에 구금되어 있었던 구술자4(1999.11~2005.9)는 보안성 산하 경비대 소속 하사관들이 나와서 2시간 씩 교대하면서 24시간 경비를 선다고 하였다. 교화소에는 전기가 흐르는 담장이 있었다고 하였다.

> 교화소 내에 경비는 보안성 산하에 경비대가 있는데 하사관들인데 그런 아들이 2시간에 한 번씩 교대하면서 만창탄하고 24시간 주야로 지키고 그래요. 교화소 담장에는 전기가 흘러요.[110]

구술자24(2008.5~2012.1)는 교화소 내에 자살방지를 위해 보초를 세운다고 하였다. 안에 세우는 보초는 교화반에서 성실한 구금자를 뽑아 감시를 세운다고 하였다.

> 자살 기도 하는 사람들이 있고 하니까 보초를 세우는 거죠. 교화반에

---

110) 구술자4(1999.11~2005.9)

서 제일 성실한 사람 골라서 감시를 해서 그런 현장이 나타나면 즉시 보고 하는 거죠.111)

성원리분소에 구금되었던 구술자11(2002.10~2005.7)에 따르면 매 반마다 여자 경비 선생이 2명씩 있었다고 하였다. 일을 하러 갈 때도 2명이 총을 메고 따라다녔다고 구술하였다.

매 반마다 여자 경비 선생이 두 명씩 있어요. 일하러 나갈 때 두 명이 총 매고 따라 나오지. 그렇게 하고 초소에 서지, 두 시간에 한 번씩 서지, 하전사만 해도 (보초) 한 서른 명이 돼요.112)

구술자20(2007.2~2009.12)의 구술 내용을 살펴보면 같은 동중리분소 내에서 교화생들은 3인 1조로 구성되어 서로를 감시 하였다고 구술하였다. 이러한 구조로 인해 교화생들은 서로를 의심할 수밖에 없었다고 하였다. 그렇기 때문에, 서로를 믿을 수 있는 사람이 없고 의심을 하였기 때문에 당시 동중리분소를 '승냥이굴'로 표현하였다고 한다.

동중리에도 삼인 공개 감시가 있었어요. 삼인 공개라는게 3명을 조로 모아놨어요. 조는 선생이 다 해줬어요. 반장이 조별로 해서 1조는 1조끼리 앉히고 조장이 서로서로 다른 사람을 감시했어요 반장이 짜줬어요. 누가 누가 서로 감시하는지를 알았어요. 서로 하는 이야기는 없는데 서로 의심해요. 담당 선생이 이야기 하는 게 바쁠 때 내가 나서서 바쁘게 하니까 선생이 이 안이 승냥이 굴이라고 했어요. …. 이 안이 다 승냥이 굴이다 절대 믿을 사람이 없다고 했어요.113)

---

111) 구술자24(2008.5~2012.1)
112) 구술자11(2002.10~2005.7)
113) 구술자20(2007.2~2009.12)

함흥교화소 내 감시체계 및 시설에 대한 구술 내용을 살펴보면 호실 외부뿐만 아니라 내부에서도 감시가 있었던 것으로 확인되고 있다. 우선 호실 외부 감시 체계를 살펴보면 경비대 소속 하사관들이 2시간씩 돌아가면서 24시간 감시하는 것으로 나타났고 교화소 담장에는 전기가 흐르는 장치가 설치되어 있었던 것으로 파악된다. 또한, 매 반마다 여자 경비 선생이 2명씩 총을 메고 배치되어 있었는데 이들 또한 2시간씩 돌아가면서 구금자들을 감시하는데 작업을 나갈 때도 같이 나가고 있는 것으로 파악된다.

내부 감시의 경우 주로 같은 교화생들에 의해 이뤄지는데 성실한 사람을 뽑아 보초를 세우는 경우도 있었으나 3인 1조로 구금자들로 한 조를 만들어 서로 감시하게 하는 경우도 있는 것으로 확인되고 있다. 구금자들로 보초 및 감시를 하는 경우 목적은 다양하게 나타나는데 3인 1조로 감시하는 경우 서로 다른 구금자를 의심하고 그들의 행동을 보고하는 거에 중점을 두는 것으로 파악되나 구금자 중 성실한 사람을 뽑아 보초를 세우는 경우 교화소 내 자살을 방지하기 위한 목적으로 보인다.

Ⅴ. 구금자 인권실태

1. 공개 및 비공개 처형

함흥교화소에서 발생한 공개 및 비공개 처형에 관한 구술 내용을 정리하면 다음과 같다.

1999~2005년 함흥교화소 본소에 구금되어 있었던 구술자4(1999. 11~2005.9)의 구술 내용을 살펴보면 다음과 같다. 2003년 박OO은 허약에 걸려 병보로 나갔다가 자신과 친했던 여자가 다른 남자와 친하게 지냈다는 이유로 폭행을 하였으나 당시 임신상태였던 여자가 유산을 하게 되면서 이러한 사실이 밝혀져 교화소에서 공개총살을 당했다고 구술하였다. 공개총살 당시, 교화생들을 중앙에 모아놓고 전부 박OO의 총살 장면 및 박OO의 죽은 시체를 지켜봐야 했다고 하였다. 교화생 주위로는 보위부원들이 총을 들고 감시하고 있었다고 하였다.

> 2003년 7월에 공개총살 당했어요. 37살에 함경남도 함흥출신 남자였어요. 사회불량으로 싸움질하고 그래서 들어왔다가 허약 걸려서 교화소에서 병보로 나갔다가 다시 들어왔어요. 교화소에 다시 들어와서 3개월 만에, 교화소에 보안과가 있는데 공개총살 한다고 모이라 그래 갔더니, 박OO을 나무 말뚝에 박아놓고 총살했어요. 구금자들은 몽땅 박승일 죽은 거를 보고 들어가야 해요. 공개총살 할 때는 구금자들을 중앙에 모아 놓고 바깥으로 쭉 총 든 보위부가 감시하고 있어요. 조금이라도 술렁이면 중앙에 있는 구금자들을 전부 쏠 판이에요. 병보로 나갔다가 자기랑 친한 여자가 다른 남자랑 붙어 다니니까 화가 나서 그 여자를 때리고 질질 끌고 그랬는데, 그 여자가 임신했는데 아가 죽었데요. 그래 그 사실이 밝혀지고 총살했어요.[114]

---

114) 구술자4(1999.11~2005.9)

2005년 함흥교화소 성원리분소에 구금되어 있었던 구술자16 (2005.2~2005.9)의 구술 내용을 살펴보면, 2005년 2월 교화소에서 도주했다가 다시 잡혀온 사람이 있었는데 이 사람을 공개 총살하는 것을 목격하였다고 하였다. 공개 총살 당시 교화소 내 전체 인원들을 일을 안 보내고 모두 모아놓고 공개 총살을 진행하였는데 총살 전에 그 사람에 대한 정보를 알려주었다고 하였다. 구금자들과 총살 당한 사람의 사이는 3m 정도로 가까운 거리에 있었다고 하였다.

> 거기서 제일 잊혀지지 않는 일은요, 같은 무산 여자였어요. 우리가 2월 18일 교화소에 도착했는데 그 여자가 2월 초에 교화소에서 도망을 쳤다는 거예요. 중국에서 살다가 잡혀왔는데 무산 여잔데 나이는 우리 또래였어요. …. 우리가 교화소에 들어온 지 며칠 안 있다가 잡혀서 온 거예요. 총살을 한다는 거예요. 진짜 그게 잊혀질 것 같지 않아요. 매도 많이 맞았겠죠. 잡혔다는 소리는 며칠 전에 들었는데 공개처형은 좀 지나고 했어요. 그 날은 일하러 안 나가고, 모였어요. 교화소 사람들 전체 모이면 300명이 넘을 거예요. …. 뻘건 솜옷을 입히고 얼굴은 피멍이 들고. 그 여자의 경력에 대해서 읽어주잖아요. 몇 년도 몇 일 날 출생하고, 이름은 뭐이고 그저 그렇구나 하고 있는데……. 마당이 얼마 넓지 않아요. 우리가 교화소에 금방 들어왔잖아요. 비법월경자들을 제일 앞줄에다가 앉히더라고요. 총살하는 여자를 세우는 거리는 3m 밖에 안 돼요. …. 얼굴이 너무 맞아가지고 형체를 못 알아볼 정도이고, 총살하는 거예요. 그거보고 너무 놀라가지고요. 아직도 고무풍선 터진다거나 하면 그게 머릿속에 지배 되가지고 외상 스트레스 장애 같은 게 있어요.[115]

함흥교화소에서 발행하고 있는 처형과 관련된 구술 내용을 종합적으로 살펴보면 함흥교화소 내에서 구금 후 추가 범죄를 저질러 공개처형이 발생하고 있음을 알 수 있다. 특히, 교화소 내에서 공개총살

---

[115] 구술자16(2005.2~2005.9)

도 행해지고 있는데 공개총살 발생 원인을 구술 내용을 살펴보면 교화소 도주, 폭행 및 가혹행위였음을 알 수 있다. 교화소 내에서 진행되는 공개 처형은 교화생들을 모아놓고 진행을 하는데 공개처형이 진행될 때 교화생들 주변에 보위부원들이 총을 들고 교화생들을 감시하고 있었던 것으로 파악된다. 또한, 공개처형 대상자의 정보를 처형 당시 처형 원인 및 처형자의 인적 정보를 교화생들에게 알려주는데 이는 교화생들에게 이러한 행위를 향후 하는 경우 처벌을 받을 수 있다는 점을 보여주기 위해서 알려주었던 것으로 보인다.

2. 강제 낙태 및 영아 살해

함흥교화소 관련 구술 내용 중 강제 낙태 및 영아살해에 대한 내용은 없었다. 대부분의 강제낙태 및 영아살해 사건은 교화소 구금 전 조사시설인 구류장과 단련대, 집결소에서 주로 발생하기 때문인 것으로 보인다.

3. 고문 및 폭행

함흥교화소의 고문 및 폭행과 관련된 구술 내용은 다음과 같다.
1999~2005년 함흥교화소 본소에 구금되어 있었던 구술자4(1999.11~2005.9)는 구금 당시 미상의 이유로 과장지도원에게 우산대로 머리나 귀를 폭행을 당해 머리 3부위에 상해를 입었다고 하였으나 식염수로 대충 소독해 준 후 붕대를 붙여주는 게 전부로 이 외에 치료는 없었다고 구술하였다.

> 1과 과장 지도원한테도 한 3번 맞았어요. 2004년에 1과 과장 지도원한테 우산대로 맞았어요. 귀를 찌르고 머리를 때려서 머리가 3군데나

터졌어요. 치료라는게 없어서 위생원들이 식염수로 대충 소독해주고 붕대나 턱 붙여주고 그랬어요.[116]

2005년 성원리분소에 구금되어 있었던 구술자16(2005.2~2005.9)은 가지를 훔쳐 먹은 사실이 발각되어 여섯끼를 굶게 되었고, 심한 폭행을 당하였다고 하였다. 구둣발로 맞고 일어서면 계속 때리는 등 30번 이상 귀와 코에서 피가 날 정도로 폭행을 당하였다고 구술하였다. 이때의 폭행으로 인해 기억력이 감퇴되는 부작용이 있었다고 하였다.

> 가지를 훔쳐 먹다가 한 끼 굶어도 안 되는데, 여섯 끼를 굶었거든요. 가지 하나를 도둑질해서 여섯끼를 굶었거든요. …. 그 사람들이 얘기하는 게, '개도 돼지에도 안 속하는 게, 감히 사람이 먹는 가지를 먹냐?' 너무 많이 맞았어요. 너무 많이 맞아서 머리가 잘못된 것 같아요. 기억력이 안 좋아진 것 같아요. 구둣발로 탁 걷어차면 맥이 없으니까 이짝 켠으로 자빠지잖아요. 영양이 없으니까 재까닥 못 일어서잖아요. 일어서면 때리고 30번 넘게 맞은 것 같아요. 귀에서도 피가 나오고 코에서도 피가 나오고요. …. 밭에 나가 앉으면 피가 나고, 기침하면 각혈하는 것처럼 피가 나오고.[117]

2007~2009년 동중리분소에 구금되어 있었던 구술자20(2007.2~2009.12)은 구금 당시 몸에 힘이 없는 상태였는데 경비병에게 꼿꼿한 자세로 서지 않고 구부정한 자세로 말을 걸었다는 이유로 폭행을 당하였다고 하였다. 당시, 구술자 앞에 가던 여자가 힘이 없어 걸어가던 중 실수로 교화반 선생을 치고 지나갔는데 그 교화반 선생은 그 여자가 자기 작업반 소속이라는 이유로 그 여자 대신 구술자를 폭행했다고 하였다. 당시, 폭행으로 인해 쓰러졌음에도 불구하고 계속 일을 시켰다고 하였다.

---

116) 구술자4(1999.11~2005.9)
117) 구술자16(2005.2~2005.9)

자기네 1반 아이가 지나가게 되었는데. 규정상 선생이랑 1미터 거리관계에서 지나가야 하는 건데 그 아이가 그냥 모르고 지나갔어요. 모이라고 하니까. 그리고 내가 갔는데 나를 보고 나는 피하면서 가는데 나를 찼어요. 그래서 2번째 갈비뼈가 지금도 아파요.
한 번은 우리는 변소 보러 갈수 있습니까 이렇게 했어요. 그런데 브로크를 나르다가. 그런데 경비서는 선생이 벽돌위에 올라서서. 브로크는 볏짚이랑 진흙으로 만들어요. 야 이 간나야, 너 다리를 지금 쉬었다고. 차렷하고, 꼿꼿하게 서서 보고해야 하는데 구부리면서 보고했다고 발로 찼어요.[118]

구술자24(2008.5~2012.1)는 함흥교화소 구금 당시 작업 계획을 달성 못한 사람들은 폭행을 당한다고 하였다. 폭행 과정에 대한 구술 내용을 살펴보면 옷을 다 벗고 무릎을 꿇고 땅에 머리를 대고 뒷짐을 지고 있는 상태에서 단단한 고무를 나무에 채찍같이 묶은 도구로 살이 찢어지고 피가 날 정도로 때린다고 구술하였다. 또한, 구술자24(2008.5~2012.1)는 교화소 구금 당시 겨울에 식사시간 나온 밥을 모아서 동복으로 교환을 한 사실이 발각되어 3일 급식처벌을 받고 매일 총화시간에 매를 맞았다고 하였다.

계획 못한 놈들 나오라 해서 옷 다 벗으면 무릎 꿇고 머리 땅바닥에 박고 뒷짐 지고, 손 허리 뒤로 해서 차렷해요. 선생들 자동차에 보면 피댓줄이 있어요. 고무하고 땅땅한 이런 고무합성재가 들어가 가지고, 땅땅해요. 그거를 길게 잘라가지고 나무 손잡이 2~30센티 되고, 채찍같은 거예요. 그걸로 때려요. 엄청 때려요. 찢어져서 피가 나가지고. …. 검은 자동차에 있는 딴딴한 고무 합성재가 들어가 가지고 딴딴해요. 거기 잘라가지고 살에 줄에 맞아 가지고. …. 면회 온 사람들은 가족한테 나 추운데 동복하나 달라 하면서 옷이 좀 있어요. 그러니까 이 사람은 옷을 입어야 하는데, 나한테는 밥밖에 없어요. 바꿈질 하는 거죠. 이게 들짝 나게 되면 엄청나게 매 맞아요. …. 나도 어느 해 겨울에 얇은 런닝구에 얇은 점퍼를 하나 입고 있었는데, 막 추운 거예요.

---

118) 구술자20(2007.2~2009.12)

> 면회 온 아이한테 옷이 좀 있었어요. 내가 하루 세끼 너 다 주니까 옷 하나 달라 했어요. 나는 세끼 굶고. 그런데 일을 못한 거죠. 그랬다고 반영이 들어가가지고, 누가 고자질 했죠. 그래서 3일 급식 처벌당했어요. 엄청 힘드는 거죠. 매일 또 총화시간마다 나와서 매를 맞아야 되요. 3일 동안. 나 그때 눈물 나던 일 생각하면. 내가 추워 죽더라도 바꿈질은 하지 말아야겠다 했어요.[119]

구술자11(2002.10~2005.7)은 성원리분소 구금 당시 다른 사람에게 부식을 제공한 사실이 발각되어 두꺼운 나무 막대기로 어깨와 등에 폭행당하였다고 하였다. 폭행 이후 어깨와 등이 멍이 20일 동안 있었다고 구술하였다. 구술자9(2002.4~2003.2)는 작업을 하던 도중에 소변이 마려워 계호원의 승인을 받고 화장실을 가려고 하였으나 승인을 받지 못해 몰래 소변을 보다가 들키게 되면서 도주를 시도하였다는 혐의로 계호원에 의해 구둣발과 손으로 정강이 및 얼굴을 맞았다고 하였다. 폭행 이후 얼굴과 정강이에 멍이 들고 부어올랐었다고 구술하였다.

> 돌을 나르는 작업을 하던 중 소변이 너무 마려웠다. 경비대 선생은 멀리 있고 소 달구지가 옆에 있어서 달구지 뒤로 들어가 몰래 소변을 보고 나왔는데, 그 광경을 멀리서 계호원 선생이 보게 되었다. 구술자 9(2002.4~ 2003.2)을 부르더니 도주를 기도했다면서 뭐라고 욕질을 하다가 구둣발을 정강이로 수없이 때리고 손과 발로 얼굴을 마구 때렸다. 보통 교화소에 들어와서 초반에 많이 맞는다. 규정을 잘 모르니까 혼나는 횟수가 많고, 계호원들도 군기를 잡기 위해서 신입생들에게 더 못되게 군다.[120]

---

119) 구술자24(2008.5~2012.1)
120) 구술자9(2002.4~2003.2)

함흥교화소 본·분소에서 모두 교화생들에게 폭행이 가해지고 있었음을 구술자료를 통해 확인 할 수 있다. 함흥교화소 내에서 교화생들에게 가해진 폭행 내용을 살펴보면 다양한 원인, 방법, 신체부위, 상해 정도가 나타났던 것으로 확인된다. 또한, 교화생들에게 심각한 상해를 입힐 정도의 수준으로 폭행이 가해지고 있었음을 알 수 있다. 함흥교화소에서 발생하고 있는 고문 및 폭행에 대한 구술 내용을 위 항목별로 살펴보면 다음과 같다. 첫째, 폭행 원인으로, 절도, 물품을 식량으로 교환한 경우, 경비병에게 대화를 할 때 바른 자세가 아니었거나 교화반 선생을 치고 지나간 경우, 작업 계획을 달성 못한 경우, 다른 구금자에게 부식을 제공한 경우 등 교화소 내 규정을 위반하였다는 이유로 폭행을 당했던 것으로 나타났다.

둘째, 폭행 도구는 우산대, 단단한 고무로 만들어진 채찍, 나무 막대기, 손과 발등으로 교화생들을 폭행했던 것으로 확인되었다.

셋째, 폭행 부위 및 수준은 교화생들의 얼굴, 머리, 귀 및 다리를 피가 나고 정강이가 부어오를 정도로 폭행을 했던 것으로 나타나고 있다. 하지만, 이런 심각한 수준의 폭행으로 인해 교화생들이 상해를 입었음에도 불구하고, 적절한 치료는 없었고 오히려 폭행으로 쓰러진 교화생들에게 계속 일을 시켰던 것으로 확인 된다.

4. 성폭행

함흥교화소에서 발생한 성폭행에 대한 구술 내용을 살펴보면 다음과 같다. 본소에 1999~2005년 구금되어 있었던 구술자4(1999.11~2005.9)는 위생원이었던 여자가 자주 약을 받으러 병원 원장 방에 다니다가 성폭행을 당하였다고 구술하였다. 또한, 구술자4(1999.11~2005.9)는 신입반 생활을 하던 한 여자가 지도원에 의해 성폭행을 당하였다고 구술하였다.

> 교화소 병원에서 위생원하던 김OO가 병원원장 하던 지도원한테 약을 타러 다니면서 원장 방에 자주 드나들고 그러니까 그때 성폭행했어요. …. 여자들은 신입반이 본소에 있어서 본소에 한 달 반 정도 있어요. 그래 예쁜 아들이 더러 있어요. 감방관리과에 김OO 지도원이 신입반 생활하던 여자아를 성폭행했어요. 이게 2003년 사건이에요.[121]

구술자27(2009~2012)은 함흥교화소에서 성폭행을 당한 구금자에 대해 구술하였다. 당시 한 구금자는 축산반에 있었는데 축산반 선생이 그 사람을 성폭행 하였다고 하였다. 축산반 선생은 이 후에 경질되어서 교화반으로 옮겨 갔으나 이는 성폭행이 아닌 교화소 식량 절도로 인해 처벌받았다고 하였다.

> 리OO이에요. 그 여자는 빙두 판매로 형기 6년 받고 들어왔어요. 축산반에 있는데 축산반 선생이, 선생 이름이 생각 안난다. …. 교화반 담임 선생이에요. …. 돼지들이 새끼를 낳으면 죽을 줘야하는데, OO이 언니하고 OOb하고 돼지에게 죽을 줘요. 축산반 선생이 술을 먹고, OO이 성폭행을 하면, OO이가 옷을 못 입고 도망쳐서 나오면, 선생이 술 취해서 옷을 입으면서 나온단 말이에요.[122]

함흥교화소에서 발생한 성폭행 사건에 대한 구술 내용은 많지 않으나, 위의 구술 내용을 살펴보면 교화소 내에서 성폭행은 발생하고 있었던 것으로 나타났다.

교화소에서 발생한 성폭행 가해자는 주로 피해자의 담당 작업반 관리인 등으로 구금자와 자주 접촉하였던 대상으로 파악된다. 하지만, 성폭행으로 인해 가해자에 대한 처벌은 없었던 것으로 확인되고 있다.

---

121) 구술자4(1999.11~2005.9)
122) 구술자27(2009~2012)

5. 사망

함흥교화소에서 발생한 사망자 수와 사망원인에 대한 구술 내용을 살펴보면 다음과 같다.

구술자6(1999.7~2002.9)은 구금당시 사망자 수에 대해 자세히 구술하였다. 당시, 병원에서 사망자수를 통계를 내었는데 약 2,800명이 사망하였다고 하였다. 교화소 내에서 가장 사망자가 많이 발생했던 기간은 겨울로 1999년 11월~2000년 3월 사이에 800명이 사망하였고, 하루에 5~10명씩 사망하였다고 하였다. 주 사망원인은 병에 걸리는 것 보다는 식량이 부족하였기 때문에 배가 고픈 상태에서 교화생들이 사망하였다고 구술하였다.

> 3년 사이에 약 2,800명이 죽었습니다. 해마다 병원에서 사망자 통계를 낸단 말입니다. …. 교화소는 겨울이 제일 힘들단 말이에요. 배고픈데다 추우니까 더 빨리 사망하니까요. 99년도 11월부터 3월까지 800명이 죽었던 것 같아요. 그저 뭐 허약으로 죽었죠. 병으로 죽어도 무슨 병인지 알지 못하고. 교화소에서는 병이 나서 죽기 전에 우선 배고파서 죽습니다. 겨울에는 하루에도 다섯 명, 열 명씩 죽고, 나머지 기간에도 죽는 것이 많았습니다.[123]

1999~2005년 함흥교화소에 구금되어 있었던 구술자4(1999.11~2005.9)는 구금 당시 교화소 내에서 발생한 다수의 사망 사건에 대해 구술하였다. 그 중 하나는, 2001년 미상의 남자는 교화소 규정을 숙지하지 못했다는 이유로 관리위원장에게 폭행을 당해 뇌출혈로 사망하였다고 하였다.

> 2001년 3월 28살이었어요. 함경남도 함흥출신 남자 리OO이 관리위원장 하던 사람을 때렸어요. 교화소 규정을 통달 못한다고 때렸는데 바닥에 후두부가 맞아서 뇌출혈로 2시간 만에 죽었어요.[124]

---

123) 구술자6(1999.7~2002.9)

구술자7(2000.1~2005.3)은 2001년 김00이 허약이 와서 걷지 못하는 상태였음에도 불구하고 안전원이 일을 하라고 하였다고 구술하였다. 이후, 김00이 안전원에 대한 부정적인 발언을 한 이유로 폭행을 당해 사망하였다고 구술하였다. 또한, 구술자7은 2001년 김00가 교화소 구금 당시 나무를 하던 중 쓰러지는 나무에 맞아 장기가 터져 사망하였다고 구술하였다.

구술자4(1999.11~2005.9)는 교화소 내 사망 사건 중 허약으로 사망한 구금자가 있었다고 구술하였다. 2002년 김00은 쌀 문제로 구금되었으나 미상의 병이 있던 상태에서 허약에 걸린 후 설사병에 걸려 사망하였다고 하였다.

> 김00, 2002년 당시 56살이었어요. 함경남도 함흥출신이에요. … 쌀 문제로 4년형 받고 들어왔어요. 김00은 들어와서 가족이 면회도 잘 오고 그랬는데, 병이 있던 사람이라 결국 허약에 걸렸어요. 허약 걸려 면회 한 번 나갔다왔는데 너무 많이 먹고 들어와서 설사병 만나 결국 죽었어요.[125]

구술자4(1999.11~2005.9)는 허약으로 사망한 또다른 교화생에 대해 구술하였다.

> 김00, 함경남도 정평에 거주하는 남자에요. 2003년에 35살이었어요. 3년형 먹고 교화소 들어왔어요. 이는 허약 걸려서 계속 먹지 못하고 겨울에 병원에 입원했다가 그저 죽었어요. 허약 걸리면 사람이 먹는데만 신경 쓰고 설사병 걸려서 거의 다 죽어요.[126]

구술자11(2002.10~2005.7)은 2002년 함흥교화소 성원리분소에 구금되어 있었던 오00가 허약 2도의 상태에서 나무를 끌고 내려오는

---

124) 구술자4(1999.11~2005.9)
125) 구술자4(1999.11~2005.9)
126) 구술자4(1999.11~2005.9)

화목일을 하다가 사망하였다고 구술하였다. 당시 오00는 허약 2도였음에도 불구하고 병원으로 보내는 대신 화목장으로 보내 일을 시켰다고 하였다. 당시 나무를 옮기는 일이 힘이 들어 못한다고 담당보안원에게 말을 하였으나 오히려 담당보안원은 오00에게 더 무거운 나무를 지게 하였다고 구술하였다. 끝까지 나무를 지고 내려왔던 오00는 그 다음날 사망하였다고 한다.

2005년 함흥교화소에 구금되어 있었던 구술자13(2005.5~2005.10)은 구금 당시 열병이 돌았을 때 열병에 걸려 사망한 20대 여자가 있었다고 구술하였다.

> 여름이라서 열병이 돌죠. 40~50도 끓으니까 머리카락 빠지고 그렇죠. 회령시 성동 여자애 22살 여자앤데 000라고 죽었죠.[127]

2009~2012년 구금되어 있었던 구술자27(2009~2012)은 교화소 내 2010년 허약에 걸려 사망한 사람이 여럿 있었는데 우선 배가 고픈 상태에서 땅에 떨어진 것을 먹거나 고추 밭에서 고추를 도둑질해서 먹기도 하였다고 하였다. 고추를 먹은 사람은 기름기가 없는 상태에서 고추를 먹어 설사를 하기 시작한 3일 후 사망하였다고 하였다.

> 내 기억 속에 있는 아이들은 다 허약 걸려서 죽었어요. 여름에 배고프니까 땅에 것을 막 주어서 먹어요. 소똥 속에 강냉이 먹었다고 하는데 딱 그래요. 고추 밭이 있는데 고추를 도둑질해서 먹어요. 너무 먹으니까, 기름이 없는 배에다가 고추가 들어가니까 3일 동안 설사를 하더라고요. 가만히 누워서 죽더라고요. 한 방에 100명인데 죽은 사람은 거기다가 놔둬요. 죽기 전에는 뒤를 잘 못 보니까 우리가 다 처리 하고, 가마니에 넣어서 훌 내가고.[128]

구술자19(2005.12~2007.11)는 2005~2007년 함흥교화소에 구금

---

127) 구술자13(2005.5~2005.10)
128) 구술자27(2009~2012)

되어 있었는데 2005년 이전에는 허약으로 1년에 30~40명 사망하였다고 하였다.

> 2005년 이전에 1년에 200명 중에 30-40명이 사망자였어요. 사고로 죽는 것은 0.1% 정도가 나머지는 다 허약이었어요.[129]

구술자19(2005.12~2007.11)는 2005~2007년 함흥교화소 구금 당시 살인죄로 구금되어 있던 사람 한 명이 소 우리를 치우면서 염소, 양, 소똥이랑 섞인 곡식을 먹은 후 입안에 있던 염증이 악화되어 항생제 투여 등 치료를 받았으나 사망하였다고 하였다.

> 살인으로 들어왔어요. …. 이빨에 원래 염증이 있었는데 소 우리를 치면서 염소, 양, 소똥이랑 섞인 떨어진 곡식을 먹은 거죠. 그러다보니 입 안에 염증이 생겼어요. 오른쪽이 많이 부어왔더라고요. 이아선염인 줄 알았는데 그것도 아닌 것 같고, 열도 계속 나더라고요. 항생제를 투입하긴 했는데 열도 안 떨어지고 그런데 부은 부분이 물렁물렁해진 거예요. 사회 의사를 하나 알아봐서 찢어봤어요. 마취제도 없어요. 그런데 입을 꼭 다물고 참아요. 참겠으니까 나 다음해에 나가야하니까 꼭 살려만 달라고 해서 나는 살 줄 알았어요. 그랬는데 찢어보니까 벌써 곪아서 고름이 입안으로 흘러내리는 거예요. …. 양쪽에 물이 다 찼는데 1도 허약자로 들어왔다가 2도 허약자가 됐는데 몸이 그러니까 약을 받아들이는 것도 힘들어하고, 마이신 같은 것을 구해서 처치해주고 많이 나아지나 싶었어요. 한 날은 화장실을 가겠다고 하는데 얼굴이 새파랗고 샛노래지는 것이 힘들게 일어서는 거예요. 그런데 숨이 차다는 거예요. 제가 놀래서 혈관주사를 놓고 하는 찰나에 숨을 한번 들이쉬더니 그대로 죽었어요.[130]

구술자19(2005.12~2007.11)는 2005~2007년 구금 당시 허약 3도

---

129) 구술자19(2005.12~2007.11)
130) 구술자19(2005.12~2007.11)

에 걸렸던 김○○이 허약으로 사망한 것을 목격하였는데 사망 전날 김○○은 허약 3도였음에도 불구하고 강냉이를 조금이라도 더 먹고자 일을 하러 나갔었다고 구술하였다.

> 그날도 김○○은 일하러 나갔어요. 3도 허약자였는데… 그 때가 가을철이었어요. 가을철에는 허약자들도 일을 나가고 싶어 해요. 왜냐하면 주워 먹을 게 있거든요. …. 그러고 나서 다시 돌아왔는데 다음 날 못 일어났어요. 그대로 죽은 거예요. 허약 걸린 사람들은 마지막 날까지 죽는 순간까지도 먹기 위해 투쟁을 해요. 그 마지막 날이 옥수수 밭에 나간 날이었던 거죠.131)

구술자26(2009.5~2010.9)은 2010년 함흥교화소에서 여러 병에 걸려 사망한 ○○○에 대해 구술하였는데, ○○○는 구금 당시 다리를 못 써 기어 다녔음에도 불구하고 일하러 나오라고 하고 잘 못하는 경우 폭행을 하였다고 하였다. 이후 다리 장애 위 장애, 신장염 등 병에 걸렸지만 의사가 있었어도 치료가 없어 사망하였다고 구술하였다.

> ○○는 다리를 못 써서 기어 다녔습니다. …. 얼마나 천대하고 했는지 아파서 못나온다고 해도 무조건 나오라고 해서 네발로 나오고 잘못하면 때리고 그랬습니다. 나중에 병이 올데로 다 오니까 교화소에서 죽었습니다. 2009년 5월에 내가 교화소에서 봤고, 2010년 2월인가에 죽었습니다. 온갖 잡병이 다 와서 죽었습니다. 다리 장애 위 장애, 신장염, 얼굴 붓기 등이 다 와서 죽었습니다. 교화소에서 치료하는 것이 없었습니다. 밖에 오빠가 약을 사서 주었지만, 죽었습니다. 교화소에 의사가 있어도 치료하지 않았습니다.132)

2008~2010년 함흥교화소에 구금되어 있었던 구술자22(2008~2010)는 당시 하루에 2~3명씩 아사로 사망하여 시체 몇 구씩 쌓아

---

131) 구술자19(2005.12~2007.11)
132) 구술자26(2009.5~2010.9)

서 내보냈다고 구술하였다.

> 하루에도 죽어가는 게 2-3명. 먹지 못하니까 시체를 몇 개씩 쌓아서 나간다. 오늘 이 순간에도 같이 말하다가도 내일이면 죽어 나간다. 기본 먹는 것 때문에 죽는다.[133]

2008~2012년 함흥교화소에 구금되어 있었던 구술자24(2008.5~2012.1)는 4년 구금 기간 동안 자신의 주변에서 10명 이상 사망하였다고 하였는데, 주로 설사 및 결핵이 사망원인이었다고 구술하였다. 하지만 일부는 교화소 내 생활이 힘들고 살기 어렵다는 이유로 오물을 먹고 자살을 시도하여 사망하는 경우도 있었다고 하였다. 2012년 당시 함흥교화소에서 사망한 사람은 600명이라고 구술하였다.

> 그 안에 혼자 있잖아요. 근데 일이 힘들고 살기 힘들고 하는 사람들은 들어가서 죽으려고 똥을 먹는 거죠. 그런 거 감시하기 위해서 보초가 있어요. 변보면 물을 버려야 하잖아요. 오물이에요. 물탱크 안에 그 물을 정말 더러운 물을, 정말 오물이에요. 그걸 먹어요. 자살하려고, 몸을 혹사시켜야 되겠으니까, 맑은 정신에 설사도 안하고. 그 안에서는 배고프니까 설사할 일도 없어요. 그 물을 먹어가지고 며칠 뒤에 허약자는 죽어요.
> 자다가 툭 깨어나면 옆 사람이 허약자죠. 소화도 못시켜요. 강냉이니까. 밥을 이고 자는 거죠. 자다가 아침에 그냥 죽어요. 기상하면 한 사람은 안 일어나요. 죽어있어요. 먼저 본 사람이 밥을 뺏들어 먹어요. 다 달라붙어가지고 다 뺏들어 먹으라고. 죽은 사람 눕혀놓고 그 위에 막 덮쳐 가지고.... 내가 4년 넘게 있으면서 내 옆에서 죽은 사람 한 열 명 넘게 되요. 설사하고 결핵으로 다 죽어요. 오직 설사하고 결핵으로 죽는데, 출소 당시 12년에 일 년에 죽은 통계를 냈는데, 1년에 평균 600명이래요.[134]

---

133) 구술자22(2008~2010)
134) 구술자24(2008.5~2012.1)

위의 구술 내용을 통해 함흥교화소 내에서 다수의 구금자들이 사망한 것으로 나타나고 있는데 이러한 교화소 내 사망자 시체 처리에 대한 방식을 살펴보면 다음과 같다.

구술자6(1999.7~2002.9)은 1999년부터 2002년 구금 당시 교화소 내에서 사망자가 발생하면 우선적으로 사체를 모아놓은 창고에 넣어놓았다고 하였다. 이후 1주일에 한 번씩 시체가 모이면 기름을 뿌려 시체를 태우는데 태운 후 안전원들이 뼈를 고른 후 미상의 장소로 가져간다고 하였다. 시체를 태우는 시설은 큰 굴뚝이 있는 보일러로, 2층 정도 되는 크기의 구멍이 있었다고 하였다. 그 안에 나무와 시체를 쌓은 후 기름을 뿌려 시체를 태운다고 하였다. 시체를 태우는 기름이 없을 때는 안전원들이 땅을 판 후 묻었다고 하였다.

> 본소 안에 사체를 넣어 놓는 창고가 있었습니다. 죽으면 거기 가져다 놓는데, 그렇게 해서 겨울이면 일주일에 한 번씩 사체들을 모아서 불을 때는데, 기름을 부어서 태우고, 뼈를 골라서 가마니에 넣어서 안전원들이 차에 싣고 어디론가 가서 처리를 했단 말이예요. 겨울에는 한번에 한 40구 이상 됐던 것 같습니다. 그러다 그 태우는 기름이 없어서 2관리과 사락반 뒤쪽에 경비들이 구덩이를 파고 그냥 묻는 적도 많았습니다. 3년 동안 한 4-500명은 그렇게 묻은 것 같습니다. 콱 몰렸을 때는 그렇게 했단 말입니다. 여름 같은 경우에는 일주일을 놔두면 구더기들이 생기고 냄새가 나니까 그냥 묻고요. 기름이 없으니까 그렇게 했겠죠.
> 사체를 태울때는 보일러 굴뚝이 아주 크단 말입니다. 그 굴뚝에 2층 높이 정도에 구멍을 내서, 그 안에다 나무를 쌓고 그 우에 사체들을 올려서 기름을 붓고 태웠습니다. 그런데, 나중에는 기름이 없으니까... 기름이 있을 때는 태우고. 그런 일을 병원에서 맡아서 했습니다. 서약서를 쓰고 그 일을 시켰습니다. 사체를 태우고 묻는 그런 일에 대해 누설하지 않겠다는 서약을 했습니다.[135]

---

135) 구술자6(1999.7~2002.9)

구술자4(1999.11~2005.9)는 함흥교화소에서 사망자 발생 시 처리하는 작업은 '78호 작업'이라고 하였다고 구술하였다. 78호 작업과정을 살펴보면 우선 구금자가 사망하면 한 방에 임시적으로 모아서 두었다가 시체 10구 정도가 모이면 보일러 같은 곳으로 가지고 가서 기름을 뿌린 후에 태우는 방법이 주로 사용되는 방법이라고 하였다. 하지만 교화소 내에서 사망자가 증가하자 시체를 꺾은 다음에 가마니에 담은 후 땅에 묻는 경우도 있었다고 구술하였다. 또한, 사망자 통보는 일반적으로 안전부에 통보를 하고 있으나 가족들에게는 면회를 와도 알려주지 않는다고 하였다. 그렇기 때문에 교화소에서 구금자가 집으로 돌아가지 않으면 사망한 것으로 추측하는 것으로 보인다.

> 죽은 사람들은 주로 태우는게 원칙이에요. 78호 작업이라 그래요. 법령이 떨어진 게 78호 작업이라 그러는데 죽은 사람을 창고 같은 방 안에 넣었다가 한 10명씩 되면 보일러 같은데다 기름 치고 몽땅 다 태워요. 여름에는 사람 많이 죽으면 냄새 나고 쥐가 다 파먹고 구더기가 쎄게 커요. 나도 그런 일을 했는데 처음에는 무서웠는데 나중에는 하도 많이 죽으니까 그때는 가마니 짝에다 사람 몸을 꺾어서 땅에다 대충 묻고 그래요. 죽은 사람들 소식은 안전부에 통보하는데 가족한테는 안 알려줘요. 면회 오면 잘 안 알려줘요. 그래 지래 안 돌아가면 가족들은 죽은 줄 알고 그래요.[136]

구술자19(2005.12~2007.11)는 2005년부터 2007년 구금 당시 함흥교화소 성원리분소에서 사망자가 발생하면 시체를 '각을 꺾는다'고 구술하였는데 이는 시체를 절반으로 꺾어 얼굴과 다리가 붙게 하는 것이라고 하였다. 그러고 나서 꺾은 시체를 가마니에 넣은 후 산에 땅을 파서 묻는다고 구술하였다.

> 시체처리는 죽자마자 각을 꺾어요. 다리는 얼굴에 갖다 붙여요. 그럼 절반으로 꺾여요. 툭 소리가 나요. 길에 담아서 내어갈 데가 없으니까.

---

[136] 구술자4(1999.11~2005.9)

가마니에 넣어요. 가마니도 어쩔 땐 없으면 새끼줄에 둘둘 말아요. 단가에 담아서 산에 올라가요. 산에 올라가서 높이 80센티 정도 파요. 파서 넣고 돌을 넣은 다음에 흙을 넣고 나뭇 이파리들을 좀 쌓아놓고 내려와요.137)

구술자20(2007.2~2009.12)은 2007년부터 2009년까지 함흥교화소 동중리분소 구금 당시 사망자들 중, 죄를 다 씻지 못한 사람들의 경우 관절을 꺾는다고 하였다. 그런 후 관이 없었기 때문에 한꺼번에 시체를 모아서 시체장에서 태우거나, 강에다 버리거나, 밭에 묻는 경우가 있었다고 하였다. 밭에 시체를 묻은 경우에는 그 위에 콩을 심는다고 구술하였다.

함흥시 회상구역 신입반에 있을 때 매일 사람들이 죽었습니다. 자기 죄를 다 씻지 못한 사람은 관절을 꺾었습니다. 남자들도 매일 죽었습니다. 관도 없어서 한꺼번에 시체를 모은 다음에 시체장에다가 넣어서 태우고. 사람을 강에 떠내 보내고. 어떨 때는 밭에다가 심어서 그 위에다가 콩을 심었습니다.138)

구술자21(2007.5~2009.2)은 2007년~2009년 함흥교화소 동중리분소 구금 당시 사망자가 발생하면 관이 없었기 때문에 이불에 시체를 싼 후 산에 묻는다고 하였다. 하지만 깊게 땅을 파서 묻지 않았기 때문에 해골이 산에서 발견되는 경우도 있었다고 구술하였다.

죽은 사람들은 땅에 묻어요. 관이 없으니 이불에 싸서 땅에다가 그렇게 묻어버립니다. 둘둘 말아서 산에다가 묻는데 얕게 묻으니 1~2년 지나면 다 노출됩니다. 제가 있던 곳이 1과인데 농장으로 따로 나와 있었습니다. 성원리는 6과가 있었습니다. 제가 있던 1과는 영광쯤이었습니다. 봄에 나무하러 갔는데 골짜기 이름이 해골이름이 들어간 골이

---

137) 구술자19(2005.12~2007.11)
138) 구술자20(2007.2~2009.12)

았습니다. 조금만 나무를 해도 해골이 나오고 그랬습니다.[139]

구술자28(2009.10~2010.12)은 사망한 사람들을 앉혀 놓은 후 나무로 허리를 쳐서 끊은 후 마대에 담아 산으로 가져가서 땅을 판 곳에 묻는다고 하였다. 묻은 장소는 일반 무덤처럼 흙을 쌓지 않아서 무덤인지 구분이 어렵다고 구술하였다.

죽은 사람을 앉혔는데 세 명인가. 그런데 참나무 실한 걸로 허리를 치는 거에요. 끊어놨어요. 그리곤 마대에다 넣고 실어서 산으로 올라가서 구멍도 얼마 안 크던데 거기에 마대째 넣고 묻었어요. 볼록하게 쌓지 않아서 그냥 보면 무덤인지 아닌지 알 수 없어요. 교화소 뒷산에요.[140]

구술자24(2008.5~2012.1) 역시 교화소 내에서 사망자가 발생하면 화장을 한다고 하였다. 하지만 화장한 재는 담당 보안원 개인 밭에서 거름으로 사용되었다고 구술하였다.

아무리 죄를 지어도. 사람 죽으면 시체를 쌓아놔요. 창고처럼 있는 칸이 있어요. 어느 정도 되면 나무를 얼기설기 해가지고 쌓아요. 거기다가 자동차 부속품에 있는 기름 오일, 그걸 막 뿌려요. 거기다 불을 붙이죠. 하루 지난 다음에 가가 지고 선생들 밭에 거름으로 뿌려요.[141]

함흥교화소에서 다양한 원인으로 인해 사망자가 발생하고 있는 것으로 확인되고 있다.

교화소 내에서 사망자가 발생하는 주요 원인으로는 첫째는 허약인 것으로 구술 내용을 통해 확인할 수 있는데 이는 교화소 내에서 적절한 식량을 제공받지 못해 발생하는 것으로 파악된다. 그리고 허약

---

139) 구술자21(2007.5~2009.2)
140) 구술자28(2009.10~2010.12)
141) 구술자24(2008.5~2012.1)

에 걸린 이후 건강이 약화된 상태에서 허약에 대한 치료 없이 교화소 내에서 생활을 지속하면서 설사병 등 또 다른 질병으로 발전되어 그러한 질병으로 인해 교화소 내에서 사망하는 구금자들이 있는 것으로 확인되고 있다.

또한, 교화소 내에서 적절한 식량을 제공받지 못한 구금자들이 자체적으로 영양을 보충하기 위해 상태가 좋지 않은 음식 혹은 건강하지 않은 상태에서 과다 섭취하는 것이 원인이 되어 구금자들이 사망하는 것으로 나타나고 있다. 예를 들면, 허약이 온 상태에서 고추밭에서 일을 하다 배고픔에 고추를 몰래 많이 먹는 것과 소 우리에 떨어져 있던, 똥에 섞여있던 곡식을 먹은 후 염증이 생겼으나 치료를 받지 못해 사망자가 발생하고 있는 경우도 구술 내용을 통해 확인할 수 있다.

다음으로, 교화소 내에서 허약과 관련하여 사망한 구금자들의 사망 원인을 살펴보면 허약에 걸린 이후 건강이 악화된 상태에서도 작업장에서 노동을 하여 사망하는 경우도 있는 것으로 나타나고 있다. 허약에 걸린 상태에서 작업장에서 일을 하는 경우가 있는 것으로 나타나고 있는데 자발적으로 일을 하거나 지시로 일을 하는 2가지 방식으로 나타나고 있다. 자발적으로 일을 하는 경우는 허약상태에서 일을 나가면 땅에 떨어져있는 곡식을 먹을 수 있었기 때문에 조금이라도 더 영양을 보충하기 위해 일을 하는 것으로 확인된다. 하지만 이렇게 건강이 악화된 상태에서 작업을 하는 것이 건강상태 악화로 이어져 사망에 이르는 것으로 나타나고 있다. 지시로 일을 하는 경우 허약자에 대한 치료와 배려가 있기 보다는 화목반 등에서 일을 시키는 등 다른 구금자들과 마찬가지로 강도가 높은 노동을 하다 건강상태가 악화되어 사망하는 것으로 보인다. 또한, 허약자들이 강도 높은 노동에 대해 어려운 점을 담당보안원에게 호소를 해도 반영되기 보다는 더 높은 강도의 노동을 시키는 경우도 있는 것으로 파악되고 있다.

함흥교화소 내에서 발생하는 두 번째 사망원인을 살펴보면, '질병'

인 것으로 확인되고 있다. 예를 들면 '열병' 및 '결핵'은 전염병으로 다른 구금자들에게 전염되면서 교화소 내 사망이 발생하였다는 것을 구술 내용을 통해 확인 할 수 있다.

함흥교화소 내에서 발생한 구금자들의 세 번째 사망원인은 교화소 관리원에 의한 구금자들의 폭행이었음을 구술 내용을 통해 확인 할 수 있다. 구근자들에게 폭행이 기헤지는 이유는 여러 가지로 나타나고 있는데 예를 들면, 교화소 규정을 암기하지 못하였거나 담당보안원에게 말을 항의 및 말을 잘 못한 경우 해당 관리원들이 구금자들을 폭행하고 있는 것으로 알 수 있다. 하지만 폭행의 수준이 구금자들의 사망으로 이어지는 만큼 단순 폭행이 아닌 심각한 수준의 폭행이 구금자들에게 가해지고 있음을 확인 할 수 있다.

함흥교화소 내 사망자 수에 대한 구술 내용을 통해 다수의 사망자가 위의 명시된 원인들로 인해 발생하고 있는 것으로 파악된다. 사망자 수를 시설 및 연도별로 살펴보면 1999년~2002년 함흥교화소 본소에서 사망한 구금자 수는 매일 5~10명씩, 3년 기간 동안 총 2,800명이 사망하였던 것으로 구술 내용을 통해 확인할 수 있었다. 또한, 많은 구금자가 사망한 계절을 살펴보면 주로 겨울이었던 것으로 나타났다. 이후 구술된 연도를 확인하면, 2005년 이전 성원리분소에서는 매년 30~40명씩 허약으로 인해 사망한 것으로 나타나 다른 원인 사망자 수를 추가하면 40명 이상 발생하였던 것으로 알 수 있다. 2008년~2010년 본소에서는 매일 2~3명씩 사망하였던 것으로 나타났고 2012년 함흥교화소 본소에서 발생한 사망자 수 관련된 구술 내용을 통해 600명이라는 내용이 있어 2010년 이후에도 함흥교화소에서 다수의 사망자가 발생하고 있음을 확인 할 수 있다.

다양한 이유로 함흥교화소에서 사망한 교화생들의 사체 처리 방식을 살펴보면 시대별로 차이점을 보이고 있음을 알 수 있다.

1990년대의 경우 사망자가 발생하면 사체를 모아두었다가 1주일에 한번 등 정기적으로 화장을 한다고 하였다. 하지만 2000년대 이후 사망자가 증가하고 화장할 때 필요한 기름이 부족해지면서 화장

대신 산에 묻거나 강에 버리는 경우도 나타나고 있음을 확인 할 수 있다. 산에 묻는 경우 시체를 꺾어서 가마니에 넣는데 이렇게 시체를 접어서 넣는 원인은 사망자가 죄를 다 씻지 못하고 사망하였기 때문이었다고 하는 이유도 구술 내용을 통해 확인 할 수 있다. 시체를 묻는 경우 제대로 땅을 파지 않고 묻는 경우도 있어 향후 무덤으로 구별하기 어렵고 시체 해골이 발견되는 경우도 있는 것으로 나타났다. 사망자 사체 처리 관련된 구술 내용을 통해 사망자가 발생해도 가족들에게 통보를 하지 않는 등 함흥교화소에서 적절한 절차와 처리가 이루어 지지 않고 있음을 확인할 수 있다.

6. 강제 노동 및 작업장 환경

함흥교화소에서 행해진 강제 노동 및 작업장 환경실태와 관련된 구술 내용을 살펴보면 다음과 같다.
구술자2(1998~2000.7)는 작업도중 하루에 쉬는 시간이 2번 정도 있었다고 하였으나 일이 바쁜 경우에는 쉬지 않는다고 하였다.

> 휴식시간이 오전에 한 번이나 두 번 정도 있었는데 바쁠 때는 안 쉬어요.[142]

구술자7(2000.1~2005.3)은 8시부터 저녁 7시반 까지 작업을 하는 거였으나 작업량이 많은 경우는 추가로 더 일을 하는 경우도 있었다고 하였다. 벌목 작업은 2~3명이 2미터 되는 나무를 15~30분 사이에 벤 후 나무를 지고 내려와야 했다고 한다. 이렇게 산에서 해온 나무는 교화소 내에서 구금자들을 위해 사용되기도 하였지만 일부는 담당보안원 집의 땔감으로 사용되는 경우도 있었다고 하였다. 그리고 일을 못하는 경우에는 매를 맞거나 급식 처벌을 받는 다고 하였다.

---

142) 구술자2(1998~2000.7)

구술자8(2001.5~2003.1)은 농산반의 경우 한 사람 당 고랑을 얼마나 김을 매야 하는지 정해져 있었다고 하였다. 먼저 마무리 한 사람의 경우 다른 사람들이 마무리 할 때까지 앉아서 기다린다고 하였다. 또한, 휴식은 마음대로 할 수 있는데, 휴식 도중 말은 하지 못하고 앉아있기만 하였다고 하였다. 그리고 함흥교화소 내 작업반 중 건설반은 십을 짓는데 동원되는데 안전원의 집을 짓는데 동원되기도 하였다고 하였다.

> 그래 건설반은 집을 짓는 데, 안전원들의 집을 짓는 데 동원되고, 성원리 감옥있는 그 어간에만 다니지, 더 멀리는 못 가지. 그 다음에 화목반은 전부 화목만 한단 말이오.
> 감옥 근처에 다 그저 밭이 있소. 우리 농사지어서 바친답대. 우리는 콩, 강냉이, 그 다음에 뭐야, 남새있지야, 가지, 오이, 고추 그런 거 다 거두지 뭐.
> 작업하다가도, 김매기를 하다가도, 한 사람 몇 고랑 매야 하는지 정해놓은 게 있단 말이오, 고랑 수로. 그걸 다 매면, 먼저 나온 사람 수끼리 다 앉아 있는단 말이오. 다른 사람 나올 때 까지. 그때 앉아 휴식하는 건 제 맘대로 하오. 말을 크게 못 하게 하오. 그저 앉아서 휴식하게 하지.143)

구술자11(2002.10~2005.7)은 주로 함흥교화소 구금 당시 돌이나 나무를 옮기는 작업을 하였다고 하였다. 돌의 경우 오전 7~8시 한 시간 동안 목욕탕 혹은 창고 건설에 사용될 돌을 3번씩 옮겨야 했다고 하였다. 돌을 옮기는 작업 이전에 아침을 미리 먹는 경우에는 혼이 나서 미리 먹을 수도 없었다고 하였다. 이후에는 통나무를 끄는 작업을 해야 했는데 한 나무 당 2~3명씩 끌어야 했다고 한다. 그렇게 해서 매일 3톤 차를 나무로 채우는 작업으로 노동 강도가 높았다고 하였다. 또한, 농산반에서 일을 할 당시 추수기간에는 볏단을 일어나기 힘들 정도로 지고 옮겨야 했는데 이때 걸으면 안 되고 뛰어

---

143) 구술자8(2001.5~2003.1)

서 옮겨야 했다고 한다. 만약, 계획된 일을 하지 못할 경우 간식에 해당되는 부식을 주지 않았다고 하였다. 하지만, 반복적으로 계획을 달성하지 못하는 경우, 밤에 대기 근무를 서야 했다고 한다. 하루 일과 중에서 앉아 있을 수 있는 시간은 학습 시간뿐이었다고 구술하였다. 또한, 연령에 따라 일을 제외하거나 배정하지는 않았으나 고령자의 경우 담당보안원들이 불쌍하다는 이유로 봐주는 경우도 있었다고 하였다.

> 7시까지 돌을 옮겨오는데 세 탕은 뛰어요. 그 다음에 그 돌로 뭐를 건설하냐, 목욕탕, 창고, 이런 걸 쌓는 거지. 밥 먹고 8시에 다시 나가요. 그러면 밥 다 싸가지고 허리에 차요. 국은 일하러 간 데서 끓이죠. 밥을 미리 먹으면 혼나요.
> 나가서 나무를 두세 명에 한 아름 되는 통나무를 끌고 내려와서 무조건 한 자동차를 만들어야 해요. 한 개 학급에서 석톤 차를 한 개를 만들어야 해요. …. 교화소는 공부할 때만 앉아있는 셈인데 그럴 때 똑바로 앉아 있어야 하지. 너무 피곤해서 빨리 눕고프지. …. 그렇게 쎄죠, 노동강도가.144)

구술자16(2005.2~2005.9)은 남새 반에서 일할 당시 일은 힘들지 않았으나 정해진 일은 반드시 어떻게 해서든 마무리해야 한다고 하였다.

> 우리는 남새 2반으로 갔어요. 양배추라던가, 상추라는 것도 심고, 배추, 무도 심고. 양배추 가을걷이도 하고, 배가 고프니까……. 이만큼 일을 해야 한다고 하면 어떻게 해서라도 그 일을 해야 해요. 일하는 거는 힘들지 않았어요.145)

구술자20(2007.2~2009.12)은 출소 전에 화목반에서 일을 하게 되

---

144) 구술자11(2002.10~2005.7)
145) 구술자16(2005.2~2005.9)

었을 당시 허약에 걸린 상태였기 때문에 화목반에서 일을 하다 죽을 것이 두려워 일을 못한다고 하였으나 받아들여지지 않아 몸이 아픈 상태에서도 나무를 하였다고 구술하였다.

> 내가 출소하기 전에 화목반에 가게 되서 선생님 내가 거기 가면 죽습니다. 그렇게 사정했는데도 안됐습니다. 내가 허약이 왔는데도 나무를 하러 다녔습니다.146)

구술자23(2008~2011.2)은 화목반에서 오전에 참나무 8개를 베는 작업을 하였는데 당시 제공된 도구는 작은 손 도끼였다고 하였다. 보통 베어오는 참나무의 크기는 2미터였는데 이를 2개씩 지고 교화소로 가져와야 했다고 한다.

> 화목반에서 일했어요. 도끼도 작은 손도끼를 줘요. 참나무 실한 거 두 미터짜리 오전에 8대. 오후에는 죄수들 밥해주는, 식당 불 때는 나무를 해요. 거리가 너무 먼 거에요. 아침에 걸어서 한시간반 두 개 등을 넘어 메고 올라오니.147)

구술자24(2008.5~2012.1)는 선반, 기계부속품들을 만드는 작업을 하였으나 이후 기계가 낡아 작동을 안 하게 되자 벽돌을 만드는 일을 하였다고 한다. 보르크(벽돌)을 기계가 아닌 사람이 직접 만들다 보니 일이 힘들다고 구술하였다. 이렇게 만들어진 벽돌들은 주로 교화소 외부에서 판매가 되는데 판매를 통해 얻은 이윤은 교화소 선생들이 사용한다고 하였다.

> 작업이라는게 앉아서 금속고리를 만드는데, 일을 잘 못하면 6시면 총화사업이 있어요. 다 안전원들이에요. 우리 교화반은 단조 교화반이라고 있었는데, 선반, 기계부속품들 너트 같은 거를 깎는 작업을 한대요.

---

146) 구술자20(2007.2~2009.12)
147) 구술자23(2008~2011.2)

너무 기계들이 오래 되서 멈춰서가지고 기계는 다 세워놓고 보르크 생산만 해요. 기계가 아니고 입력으로 하니까 엄청 힘들어요. 그거를 사회에 내다 팔아요. 그래서 나온 이윤을 그걸 우리가 쓴 게 아니고 교화소에서 선생들이 써요. 우리는 노력을 바치는 거죠, 대가는 없고. 우리는 국가적으로 처벌을 받아야 하는 사람들이니까. 자기들이 운영하는데 쓴다고 말로는 그렇게 들으니까 그런가 보다 하죠.148)

구술자29(2009.5~2011.4)는 함흥교화소 구금 당시 수예반에서 작업을 하였는데 중국 수출량을 맞추기 위해 새벽 3시에 일어나서 저녁 11시까지 수예를 하였다고 하였다. 수예작업반 작업환경 실태를 살펴보면 먼지 속에서 수예작업을 하다 보니 간복수에 걸렸다고 구술하였다. 또한, 작업장 내에 불이 없었기 때문에 머리에 전지를 켜고 일을 할 수 밖에 없었다고 하였다. 만약 작업량을 맞추지 못하면 '모서리 주기'라고 혼을 내는 경우도 있었다고 하였다. 지속적으로 작업량을 달성하지 못할 때에는 농산반으로 쫓겨나는 경우도 있다고 하였다. 그렇기 때문에 머리가 아파도 일을 하였다고 한다.

우리 수예하니까 폐결핵이 많이 왔어요. 먼지 속에서 일을 하니까. 저는 결핵 온 거 보다는 나와서 간복수에 걸렸어요. 근데 여기 오니까 결핵 걸렸다고 했어요. 지금은 약 먹고 있어서 다 나았어요. …. 불이 없어서 머리위에 전지 키고 있었어요. 거기서 일을 못하고 천대 받고 또 농산반으로 가고 그랬어요. 일을 못하면 모서리 주기 했어요. 모서리 주기는 '너 계획을 못했는데 일을 못하면 밥 먹을 자격 있니' 이렇게 하는 거예요. 그러면 그 사람이 가뜩이나 신경이 나는데 그런 말을 들으면, 사람 취급 못 당하고 그랬어요. 우리가 계획 못하면 어떻게든 맞추라고 한단 말이에요. 수예를 중국에 파는 거였어요. 수출 시간을 맞춰야 하니까 우리를 기합 줬어요. 계획이 높으니까 새벽 3시부터 일어나서 밤까지 앉아서 일을 했어요. 다리, 허리랑 머리가 아팠어요.149)

---

148) 구술자24(2008.5~2012.1)
149) 구술자29(2009.5~2011.4)

구술자28(2009.10~2010.12)은 농장일을 마치고 돌아오면 저녁에 나일론 천 200그램을 받아 솜으로 만들어야 했다고 하였다. 솜을 만드는 작업을 하다보면 손끝이 다 트게 되더라도 작업량을 다 마쳐야 한다고 하였다. 그러한 이유는 과제를 달성하지 못하는 경우 제공되는 밥 양을 줄이는 처벌이 있었기 때문이었다.

> 나일론 천을 과제로 200그램을 줘요. 과제 미달이면 밥양을 줄여요. 농장일 마치고 나면 그걸 뜯어서 솜을 만들어야해요. 이걸 하도 뜯으니 손끝이 다터요.150)

함흥교화소 구금된 구금자들이 겪는 강제 노동 및 작업환경 실태를 살펴보면 다음과 같다.

첫째, 함흥교화소 내에서 행해진 작업내용에 따라 일의 강도가 달랐음을 확인 할 수 있다. 작업 강도가 높았던 일은 대체로 화목반으로 2미터 정도의 나무를 벌목하고 옮기는 일은 보통 2~3명이 같이 하는데 정해진 양을 정해진 시간 내에 무거운 나무를 옮기는 일이 힘들었기 때문으로 나타나고 있다. 그리고 일어나기 힘들 정도의 짐을 지고 걷지 못하고 뛰어야 하는 등 강노 높은 노동을 구금자들은 해야 했던 것으로 파악된다. 또한, 일이 많은 경우 작업 시간이 연장되는 경우도 있었던 것으로 파악된다. 예를 들어, 수예반의 경우 중국으로 수출되는 물량을 맞추기 위해 오전 3시에 시작하여 저녁 11시까지 일을 해야 했기 때문이다.

그리고 구금자들은 배속된 작업반 일 외에 상황에 따라 다른 종류의 일을 하는 경우도 있었는데 이 역시 일의 강도가 높았던 것으로 나타났다. 예를 들어, 기계부속품 생산을 위한 기계가 작동하지 않자 대신 벽돌을 만드는 작업을 하였으나 일체 인력으로 제조하다 보니 일이 힘든 경우가 있었던 것으로 나타났다. 또한, 작업에서 교화소로

---

150) 구술자28(2009.10~2010.12)

돌아온 후 추가적으로 일이 부여되는 경우가 있었는데 이 역시 강도가 높아 손을 다치는 경우도 있었던 것으로 파악된다. 하지만 일부 구금자들 중, 일의 강도가 높지 않은 경우도 있었다는 구술 내용도 있었으나 이러한 경우는 드물게 나타나고 있다.

둘째, 함흥교화소 작업과정을 살펴보면 열악했던 것으로 확인되고 있다. 벌목작업에 작은 손도끼가 제공되고, 주로 돌을 옮기거나, 벽돌을 만들거나, 솜을 만드는 경우 적절한 작업 도구가 제공되지 않아 직접 손으로 하거나 인력만을 사용해 작업을 하다 보니 상해를 입는 경우도 있는 것으로 나타나고 있다. 또한, 작업환경을 살펴보면, 수예반의 경우, 불이 들어오지 않아 머리에 달린 전구에 의존해서 일을 하고 먼지 속에서 작업을 하는 등 열악한 환경에서 일을 하였던 것으로 확인된다.

셋째, 작업 도중 쉬는 시간에 대한 구술 내용과 관련해서 차이를 보이고 있으나, 대체적으로 작업 중 쉬는 시간이 제한되어 있었던 것으로 나타난다. 유일하게 일을 쉴 수 있는 시간은 학습시간이었다고 하는 등 휴식이 없었던 것으로 확인된다. 심지어는, 하루에 2번 있는 쉬는 시간도 일이 많은 경우에는 쉬지 못하는 것으로 파악된다. 일부 구술자 중 계획된 작업을 다른 구금자들보다 빨리 마무리 하면 다른 구금자들이 일을 마칠 때까지 앉아있을 수 있었고 작업 도중 휴식을 마음대로 취할 수 있다고 하였으나 단지 말을 할 수는 없었다고 하였다. 하지만 휴식시간이 있었다는 구술 내용은 드물게 나타나고 있다.

넷째, 함흥교화소 내 노동은 연령 및 건강상태에 상관없이 구금자들이 참여해야했던 것으로 나타났다. 연령을 고려해서 일을 정하지는 않았으나 일부 담당보안원들은 고령의 구금자들의 경우 봐주는 경우도 있었던 것으로 나타났다. 하지만, 허약에 걸리는 등 건강 상태가 좋지 않은 구금자들에게도 강한 강도의 노동을 시키고 있는 것으로 확인된다.

다섯째, 하루에 채워야할 작업량이 정해져 있었던 것으로 파악된다. 하지만 주어진 작업량을 채우지 못하는 경우, 부식을 받지 못하거나, 식사량이 감소되거나, '모서리 주기,' 혼이 나거나 폭행을 당하는 것으로 나타났다. 또한, 지속적으로 작업량을 달성하지 못하는 경우, 밤에 대기 근무를 서거나 다른 작업반으로 쫓겨나는 경우가 있었기 때문에 몸이 아픈 상태에서도 작업량을 달성하기 위해 일을 하고 있는 것으로 확인되고 있다.

여섯째, 함흥교화소에서 구금자들은 안전원 및 담당보안원들의 이익을 위해 노동을 하는 경우도 있는 것으로 파악된다. 구금자들이 벌목한 나무들이 담당보안원의 집에서 땔감으로 사용되는 경우도 있었고, 구금자들이 직접 안전원들의 집을 짓는데 동원되고 있는 것으로 확인되고 있다. 심지어는, 교화소에서 생산된 물품을 판매하여 얻은 수익금을 교화소 선생들이 사용하고 있는 것으로 나타나고 있다.

함흥교화소에서 겪은 일들을 전하는 구술자들이 담담한 얼굴 표정과 어투로 아무렇지도 않게 이야기 하는 모습을 보면 그들이 얼마나 힘든 상황을 어떻게 견뎌왔는지 가늠하기 어렵다. 하지만, 그들이 북한에서의 생활 중 가장 먼저 기억하는 부분이 교화소라는 사실과, 그 때의 기억이 북한에서 편안했던 생활에 대한 추억을 덮어 버릴 만큼 그들의 기억에 영향을 미치고 있음은 안타까운 사실이다.

** 참고자료: 함흥 9호 교화소 구술자 리스트

구술자	성별	연령대	학력	출신지역	구금기간	면접일자
구술자1	여	10대	고등중졸	함경북도 무산군	1998.12~2002.4	2007.4.28
구술자2	여	40대	전문대졸	함경북도 회령시	1998~2000.7	2010.12.9
구술자3	남	40대	고등중졸	양강도 혜산시	1999.4~2005	2009.4.25
구술자4	남	20대	고등중졸	양강도 혜산시	1999.11~2005.9	2009.4.25
구술자5	여	30대	고등중졸	함경남도 함흥시	1999.11~2000.7	2009.10.13
구술자6	남	30대	대졸	양강도 혜산시	1999.7~2002.9	2008.9.6
구술자7	여	30대	고등중졸	함경북도 무산군	2000.1~2005.3	2007.3.17
구술자8	여	40대	고등중졸	함경북도 새별군	2001.5~2003.1	2005.8.1
구술자9	여	30대	고등중졸	함경북도 새별군	2002.4~2003.2	2008.3.31
구술자10	여	30대	미상	함경북도 온성군	2002.5~2002.12	미상
구술자11	여	30대	미상	함경남도 함흥시	2002.10~2005.7	2008.3.12
구술자12	여	20대	고등중졸	함경북도 온성군	2003.12~2005.9	2009.11.10
구술자13	여	40대	고등중졸	함경북도 온성군	2005.5~2005.10	2010.5.24
구술자14	여	30대	고등중졸	함경북도 부령군	2005.2~2005.3(4)	2013.3.15

구술자15	남	20대	전문대졸	양강도 혜산시	2005.4~ 2006.12	2008.10.21
구술자16	여	30대	고등중졸	함경북도 무산군	2005.2~ 2005.9	2010.3.3
구술자17	여	20대	전문대졸	함경남도 영광군	2005.11 ~2007.2	2010
구술자18	여	20대	고등중졸	함경북도 경성군	2006.10 ~2007.4	2008.1.23
구술자19	여	30대	대졸	양강도 혜산시	2005.12~ 2007.11	2011.12.13
구술자20	여	40대	고등중졸	함경북도 김책시	2007.2~ 2009.12	2015.11.22
구술자21	여	30대	고등중졸	함경남도 홍원군	2007.5~ 2009.2	2010.3.3
구술자22	남	40대	고등중졸	함경북도 은덕군	2008~ 2010	2013.8.3
구술자23	여	30대	고등중졸	평양시	2008~ 2011.2	2012.12.22
구술자24	남	30대	고등중졸	양강도 혜산시	2008.5~ 2012.1	2013.10.5
구술자25	여	30대	고등중졸	함경북도 김책시	2008.3~ 2010.9	2012.2.14
구술자26	여	20대	고등중졸	함경북도 경성군	2009.5~ 2010.9	2011.11.18
구술자27	여	30대	고등중졸	함경북도 청진시	2009~ 2012	2011.7.5
구술자28	여	10대	고등중졸	양강도 갑산군	2009.10~ 2010.12	2012.9.21
구술자29	여	20대	고등중졸	함경북도 명간군	2009.5~ 2011.4	2015.1.14
구술자30	남	30대	고등중졸	함경남도 함흥시	2007.12 ~2009.7	2012.9.15

(사)북한인권정보센터 출판도서 목록

도서명	저자	출판년도	가격

◈ 연례도서

북한인권통계백서(국문)

	도서명	저자	출판년도	가격
	2007 북한인권통계백서	윤여상 외	2007	20,000원
	2008 북한인권백서	북한인권기록보존소 윤여상 외	2008	20,000원
	2009 북한인권백서	북한인권기록보존소 윤여상 외	2009	20,000원
	2010 북한인권백서	북한인권기록보존소 윤여상 외	2010	20,000원

	2011 북한인권백서	북한인권기록보존소 윤여상 외	2011	30,000원
	2012 북한인권백서	북한인권기록보존소 윤여상 외	2012	30,000원
	2013 북한인권백서	북한인권기록보존소 윤여상 외	2013	30,000원
	2014 북한인권백서	북한인권기록보존소 윤여상 외	2014	30,000원
	2015 북한인권백서	북한인권기록보존소 윤여상 외	2015	30,000원

북한인권통계백서(영문)

	White Paper on North Korean Human Rights Statistics 2007	북한인권기록보존소 윤여상 외	2008	20,000원
	White Paper on North Korean Human Rights 2008	북한인권기록보존소 윤여상 외	2008	20,000원
	White Paper on North Korean Human Rights 2009	북한인권기록보존소 윤여상 외	2009	20,000원
	White Paper on North Korean Human Rights 2010	북한인권기록보존소 윤여상 외	2010	20,000원
	White Paper on North Korean Human Rights 2011	북한인권기록보존소 윤여상 외	2011	30,000원
	White Paper on North Korean Human Rights 2012	북한인권기록보존소 윤여상 외	2012	30,000원

White Paper on North Korean Human Rights 2013	북한인권기록보존소 윤여상 외	2013	30,000원
White Paper on North Korean Human Rights 2014	북한인권기록보존소 윤여상 외	2014	30,000원
White Paper on North Korean Human Rights 2015	북한인권기록보존소 윤여상 외	2015	30,000원

북한종교자유백서(국문)

2008 북한종교자유백서	윤여상, 한선영	2008	10,000원
2009 북한종교자유백서	윤여상, 한선영	2009	10,000원
2010 북한종교자유백서	윤여상, 한선영	2010	10,000원

	2011 북한종교자유백서	윤여상, 한선영, 윤중근	2012	10,000원
	2012 북한종교자유백서	윤여상, 한선영, 장은실	2013	20,000원
	2013 북한종교자유백서	윤여상, 정재호, 안현민	2013	20,000원
	2014 북한종교자유백서	윤여상, 정재호, 안현민	2014	20,000원
	2015 북한종교자유백서	윤여상, 정재호, 안현민	2015	20,000원

북한종교자유백서(영문)

	White Paper on Religious Freedom in North Korea 2009	윤여상, 한선영	2009	10,000원

	Religious Freedom in North Korea 2012	윤여상, 한선영 장은실, 최선영	2013	10,000원
	White Paper on Religious Freedom in North Korea 2013	윤여상, 정재호, 안현민	2013	20,000원
	White Paper on Religious Freedom in North Korea 2014	윤여상, 정재호, 안현민	2014	20,000원
	White Paper on Religious Freedom in North Korea 2015	윤여상, 정재호, 안현민	2015	20,000원

북한이탈주민경제활동동향(국문)

	2006 북한이탈주민 경제활동 동향 - 취업,실업,소득	엄홍석, 윤여상, 허선행	2007	5,000원
	2007 북한이탈주민 경제활동 동향 - 취업,실업,소득	윤여상, 허선행	2008	5,000원

2008 북한이탈주민 경제활동 동향 - 취업,실업,소득	북한인권정보센터	2009	5,000원
2009 북한이탈주민 경제활동 동향 - 취업,실업,소득	허선행, 임순희	2010	5,000원
2010 북한이탈주민 경제활동 동향 - 취업,실업,소득	서윤환, 이용화	2011	10,000원
2011 북한이탈주민 경제활동 동향 - 취업,실업,소득	서윤환, 이용화	2012	10,000원
2012 북한이탈주민 경제활동 동향 - 취업,실업,소득	서윤환, 신효선	2013	10,000원
2013 북한이탈주민 경제활동 동향 - 취업,실업,소득	서윤환, 신효선, 박성철	2014	12,000원

| 2014 북한이탈주민 경제활동 동향 - 취업,실업,소득 | 임순희, 안현민 | 2015 | 12,000원 |

북한이탈주민경제활동동향(영문)

| 2009/2010 Trends in Economic Activities of North Korean Defectors | 허선행, 임순희 서윤환, 이용화 | 2011 | 15,000원 |

◈ 단행본

| Are They Telling Us the Truth? | Hiroshi Kato, 김상헌, 윤여상, Tim Peters | 2003 | ￥2,500 |

| 북한 정치범수용소 완전통제구역 세상밖으로 나오다 | 신동혁 | 2007 | 13,000원 |

| 서독 잘쯔기터 인권침해 중앙기록보존소 | Heiner Sauer, Hans-Otto Plumeyer(이건호 譯) | 2008 | 12,000원 |

	북한 인권 문헌 분석	윤여상 외	2008	20,000원
	국군포로 문제의 종합적 이해	오경섭, 윤여상, 허선행	2008	15,000원
	북한의 반인도적 범죄에 대한 국제사회의 긴급대응	세계기독연대(북한인권정보센터 譯)	2011	15,000원
	북한 정치범수용소의 운영체계와 인권실태	윤여상, 이자은, 한선영	2011	30,000원
	북한 구금시설 운영체계와 인권실태	윤여상, 구현자, 김인성, 이지현	2011	25,000원
	Political Prison Camps in North Korea Today	윤여상, 이자은, 한선영	2011	20$

	Prisoners in North Korea Today	윤여상, 구현자, 김인성, 이지현	2011	20$
	북한인권사건리포트 제1권	북한인권기록보존소	2013	비매품
	北韓人権事件レポート:VICTIMS' VOICES 第1巻	북한인권정보센터	2013	비매품
	North Korean Human Rights Case Report : VICTIMS' VOICES Volume I	북한인권정보센터	2013	비매품
	북한인권사건리포트: VICTIMS' VOICES 제2권	북한인권정보센터	2013	비매품
	北韓人権事件レポート:VICTIMS' VOICES 第2巻	북한인권정보센터	2013	비매품

	North Korean Human Rights Case Report : VICTIMS' VOICES Volume II	북한인권정보센터	2013	비매품
	중국의 탈북자 강제송환과 인권실태	윤여상, 박성철, 임순희	2013	20,000원
	North Korean Defectors in China - Forced Repatriation and Human Rights Violations -	윤여상, 박성철, 임순희	2014	20$
	Nordkoreanischer Menschenrechtsfallbericht VICTIMS' VOICES	북한인권정보센터	2014	20$
	Cahiers d'observations des droits de l'Homme en Corée du Nord VICTIMS' VOICES	북한인권정보센터	2014	20$
	북한인권에 대한 국민 인식 조사	윤여상, 임순희	2014	15,000원

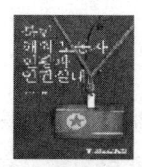 북한 해외 노동자 현황과 인권실태   윤여상, 이승주   2015   17,000원

 Human rights and North Korea's Overseas Laborers: Dilemmas and Policy Challenges   윤여상, 이승주   2015   17,000원

북한인권정보센터 소개

(사)북한인권정보센터는 북한의 인권개선과 북한인권침해(과거사) 청산을 주요 목표로 하고 있으며, 북한인권침해 실태조사, 북한인권기록보존소 운영을 통한 북한인권침해 기록DB 구축 및 관리, 북한인권침해 구제 및 예방, 북한인권피해자 보호와 정착지원을 위해 2003년 설립되었습니다.

- 연혁
    2003년 5월 10일 설립
    2004년 3월 25일 사단법인 인가
    2005년 1월 3일 NK Social Research, NKDB 정착지원본부 개설
    2007년 6월 북한인권기록보존소 개설
    2007년 8월 북한인권통계백서 2007 출판
    2012년 3월 국군포로·납북자 정착지원센터 개설

- 주요목표
    북한인권개선과 인권실현
    북한인권침해(과거사)청산

- 주요활동
    북한 인권침해 사건 및 인물정보 수집
    북한 인권침해 사건 분석 및DB 구축
    북한 인권피해자 현장 구제활동
    북한생활경험자 사회정착지원
    고문 및 장기구금자(PTSD) 지원 서비스
    북한 인권실태 및 정책연구
    북한인권 전문 인력 양성
    북한인권 관련 출판 및 홍보
    북한주민 인권교육(방송)

안녕하십니까?

(사)북한인권정보센터는 북한의 인권개선과 진실규명, 인권피해자료의 수집과 분석, 인권피해 예방, 인권피해자 보호와 지원을 목적으로 2003년 설립된 기관입니다.

저희는 2014년 7월 이후 추가로 북한이탈주민 1,014명에 대한 인권실태조사를 실시하였고, 그 결과 『NKDB 통합인권 DB』에는 현재 사건 55,866건, 인물 31,604명에 대한 북한인권피해사건분석 사료가 축적되어 있습니다.

이를 바탕으로 『2015 북한인권백서』와 『2015 북한종교자유백서』를 발간하였으며, 미국 워싱턴과 서울에서의 세미나를 통해 북한의 인권상황을 알리는 데 기여하고 있습니다.

후원자님의 정성은 저희 (사)북한인권정보센터가 북한의 인권상황을 밝혀내고, 대외적으로 알리도록 하는 데 큰 보탬이 될 것입니다. 이는 또한 세계 각국이 북한정부의 인권탄압을 비판하고, 북한에서의 상황이 개선되도록 하는 데에 기여할 수 있을 것입니다.

이에 정중히 후원을 부탁드리고자 합니다. 북한주민의 인권에 관심을 갖고 계신 분은 누구나 자동납부(CMS), 은행입금, 자원봉사, 인턴 등의 여러 방법으로 저희 기관에 도움을 주실 수 있습니다.

(사) 북한인권정보센터 후원 신청서

1. 후원자 정보   * 필수항목

이름*		생년월일*	
이메일		휴대폰	
주소*			

2. 후원 내용

은행명*		예금주*	
계좌번호*			

후원금*	일반	☐1만원 ☐2만원 ☐3만원 ☐5만원 ☐10만원 ☐50만원 ☐100만원 ☐기타( )만원
	법인 (기업)	☐ 10만원 ☐ 50만원 ☐ 100만원 ☐ 기타 ( )만원

본인은 상기 금액을 (사) 북한인권정보센터의 후원금으로 매월 CMS 계좌이체를 통해 출금하는 것에 동의합니다.

20 년   월   일
이름   (인)

[개인정보 수집 및 이용 동의]
- 수집 및 이용목적: 회원관리, 후원금 결제 및 후원회원 서비스 제공에 활용, 신규 서비스 개발 및 마케팅, 홍보에 활용
- 수집항목: 성명, 전화번호, 휴대폰번호, E-mail, 자택주소, 금융기관명, 계좌번호
- 보유 및 이용기간: 개인정보의 수집 및 이용목적이 달성되면 지체 없이 파기한다. 단, 기부금영수증 발행 등을 위하여 관계 법령에서 정한 일정한 기간동안 개인정보와 후원금 결제정보를 보관한다(후원 중단시부터 5년)
- 신청자는 개인정보 수집 및 이용을 거부할 권리가 있으며, 동의 거부에 따른 불이익은 없으나 회원 가입에 제한이 있을 수 있습니다.

동의함 ☐ 동의안함 ☐

[개인정보 제3자 제공 동의]

제공 받는 자	수집 및 이용 목적	개인정보 수집항목
금융결제원	CMS 출금이체 서비스 제공 및 출금동의 확인, 출금이체 신규 등록 및 해지 사실 통지	성명, 휴대폰번호, 금융기관명, 계좌번호, 생년월일
(주)대은소프트	CMS 출금이체를 통한 요금수납	
오즈메일러	뉴스레터, 문자, 메일 발송	성명, 이메일, 휴대폰 번호, 자택주소

- 보유 및 이용기간 : 개인 정보의 수집 및 이용목적이 달성되면 지체없이 파기한다. 단, 기부금영수증 발행 등을 위하여 관계 법령에서 정한 일정한 기간동안 개인정보와 후원금 결제정보를 보관한다. (후원 중단시부터 5년)
- 신청자는 개인정보 수집 및 이용을 거부할 권리가 있으며, 불이익은 없습니다. 다만, 권리행사시 출금이체 신청이 거부될 수 있습니다.

동의함 ☐ 동의안함 ☐

[출금이체 동의여부 및 해지사실 통지 안내]
은행 등 금융회사 및 금융결제원은 CMS 제도의 안정적 운영을 위하여 고객의 (은행 등 금융회사 및 이용기관 보유) 연락처 정보를 활용하여 문자메세지, 유선 등으로 고객의 출금이체 동의여부 및 해지사실을 통지할 수 있습니다.

상기 금융거래정보의 제공 및 개인정보의 수집 및 이용, 제3자 제공에 동의하며 CMS 출금이체를 신청합니다.

20 년   월   일

신청인 : _____인 또는 서명
(신청인과 예금주가 다를 경우) 예금주 : _____인 또는 서명

◉ 회 원 특 전

· (사)북한인권정보센터는 기획재정부장관이 지정한 공익성기부금 대상 단체입니다. 후원금 및 기부금을 납부하신 분은 '법인세법 제24조'의 규정에 의하여 지정 기부금으로 인정되어 연말 세금정산을 통한 소득공제 혜택을 받을 수 있습니다.
· 리포트, 단행본 등 본회의 발간 자료를 무료 또는 할인가로 받아보실 수 있습니다.
· 본회 주관 워크숍, 수련회 등 각종 행사에 우선 초대합니다.
· 센터 내 교육에 참여하실 수 있습니다.

- 일시후원계좌 -
[후원계좌] 예금주 : (사)북한인권정보센터
  - 국민은행 343601-04-011423
  - 우리은행 109-652375-13-101
  - 신한은행 140-010-048898